U0053915

方塊出版社

旅美憶往

我的醫學圖書館歲月

本書所記載為我在一九七二到一九八○年間的一些經歷，這些年的經歷，關鍵性地影響到我此後的發展。從中學得尋找資訊、評量資訊、閱讀……的趣味，帶給我永恆的滿足和喜樂。

范豪英——著

照片選粹

舊館之一：紙本時代繁忙的閱覽室，學生尋資料、做功課都聚集在此處
（感謝UAMS Historical Research Center提供）

阿州醫大圖書館

舊館之二：採訪館員辦公桌位於閱覽室(右側)
（感謝UAMS Historical Research Center提供）

阿州醫大圖書館

新館之一：1977年秋遷入的新館今貌
(感謝UAMS Historical Research Center提供)

阿州醫大圖書館

新館之二：1985年二樓閱覽休息區

阿州醫大圖書館

新館之三：1985年一樓到二樓的樓梯，曾是我每天鍛鍊腿力的地方

阿州醫大圖書館

一家四口

小岩城 1976年

筷子是古文明的一個象徵，為此我和女兒還上了地方新聞
（由美國阿肯色州小岩城記者John D. Simmons拍攝）

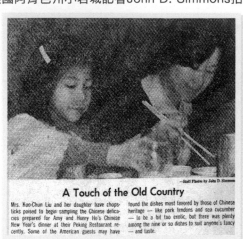

—Staff Photo by John D. Simmons

A Touch of the Old Country

Mrs. Kuo-Chun Liu and her daughter have chopsticks poised to begin sampling the Chinese delicacies prepared for Amy and Henry Ho's Chinese New Year's dinner at their Peking Restaurant recently. Some of the American guests may have found the dishes most favored by those of Chinese heritage — like pork tendons and sea cucumber — to be a bit too exotic, but there was plenty among the nine or so dishes to suit anyone's fancy — and taste.

1979年作者（第一排左1）與技術服務部的工作夥伴
（感謝UAMS Historical Research Center提供）

被裝飾過的辦公室，1980年8月11日同事珍安費心裝飾作者的辦公室，
給作者一個驚喜，祝賀作者完成密集課程

即將暫時分別的一家人，1979年秋

羅絲（右2）與霓兒（左3）訪問國家圖書館，1985年9月，臺北

1984年夏，重返阿州醫大圖書館，作者與瑪格麗特（中）、珍安（右）合影

1984年夏，重返阿州醫大圖書館，作者與艾玎娜合影

1985年夏，作者與艾玎娜(左2)，珍納(右2)，珍安(右1)，聚餐，小岩城

1986年夏，重返小岩城與舊日工作夥伴

前 言

　　退休之後，時有住在鄰近市鎮的舊日學生、同事邀集來訪。蝸居雖適於日常的簡便生活，來客超過兩人便覺盈門，不易接待。十多年下來我們的會面發展成不定期在附近餐館小聚。只要他們得空湊在一起，少則六、七人，多則十幾二十人，邀了我和老伴，邊吃邊聊，雖然有違「食不語」的古訓，卻真是怡然自若。這些聚會帶來歡樂和溫暖，是我十分享受而珍惜的時光。

　　回想還在擔任教職之時，傳授專業知識督促學生學習是教師的職責，我自奉行不渝，而按部就班完成修業要求，取得學位，應該是學生的主要目標和責任了。修業要求中的學位論文有時會成為某些學生望而生畏的最後天塹。他們修課時的閱讀、報告、考試、課上討論、作業都表現正常，可是面臨學位論文的寫作，卻舉步維艱。我曾遇到一些學生由於論文經年無甚進展，避而不見，甚至萌生退意提出放棄學位的。有的教師見我為此發愁便勸我說，研究生都是成年人，應為自己的行為負責，他若不想取得學位，依他便是。可是我總覺得可惜，彷彿一首美好的樂音鋪陳開來，曲未盡而輟，叫人悵然有憾。於是我緩下手邊的工作，勻出時間找尋約談這幾位學生。對他們的關注範圍也慢慢擴大，從催約晤談，漸及工作情形、家庭生活。為了趕畢業時限，我有時不得不採取緊迫盯人嚴控修改論

文進度。這幾位學生最後如願在期限內完成論文畢了業，不過我追逼論文的名聲也在學生間傳了開來。

　　至於圖書館的同事，因為我忝居館長之職多年，大約也少不了得罪人之時。有時為了達成營運目標與各層級同事溝通，一旦我身為主管的意見成為指導原則，小道消息往往將之渲染成指手畫腳的態勢。另一困擾來自年終考績。不論平日我聽聞各組主管對某些下屬的負面評語有多少，初考上來的考績一律都是甲等，而學校給圖書館的甲等考績有上限名額，於是我得找各組主管開會，根據平日工作實際表現協商出真正的考績。一旦年終考績通知到手，那幾位得到乙等考績的同事，見到我這送出最後考績的人不是急急轉彎走開，就是顯露尷尬不豫之色。這種現象大約經過三、四個星期的淡化，大家見面才會恢復正常禮儀。

　　在職的時候尚不免被同事、學生躲著，沒想到現在還有昔日的學生、同事來探望歡聚。言談之間他們對我的經歷感到興趣，希望我能寫下工作經驗、心得，給他們一份念想。來自年輕朋友的溫馨鼓勵給了我很大的動力，雪泥鴻爪猶有痕跡，我就試一試重溫舊夢，以筆記之。

　　學術性的專業論文就留給在職的教師，他們熟悉理論和最新的發展，我寫的是一己從事圖書館專業工作的經歷心得，留給年輕朋友作為參考。

范享英

2021‧10‧1

目　次

前　言 I

一、茅廬初出：找到第一份工作 1
　　南遷、求職 1
　　圖書館的面試 2
　　初到醫學中心 5

二、大環境小環境 7
　　鄉巴佬？ 7
　　阿肯色州與小岩城 8
　　阿州名人 9

三、內外交困的開端：調整與適應 13
　　孩子的調適 13
　　克服醫學詞彙的困擾 14

四、阿州醫大圖書館 19
　　設置的任務 19
　　資源與館藏資料 21
　　開館與服務時間 25
　　文獻檢索 28

五、讀者群像 31

　　讀者提問率直不區分館員 31

　　資訊需求認真而急迫 32

　　讀者與館員的爭執與溝通 34

　　教員之間有等級？ 38

六、工作的夥伴 41

　　羅絲 43

　　艾玎娜 49

　　喬治太太 54

　　瑪格麗特 57

　　其他的夥伴 59

七、從採購到館藏發展──採訪專業的養成 63

　　我的工作場域 65

　　採訪與採購 68

　　「讀者為尊」式選擇 70

　　一頭扎進選擇 72

　　啃書評的日子 75

　　TBRI 與鞋盒子 80

　　邁向理性的採訪──館藏發展政策的出現 83

八、70 年代的醫學圖書出版公司與代理商 87

　　出版公司 88

　　代理商傑・艾・梅卓士公司（J. A. Majors Co.） 102

九、書、書、書──印象深刻的醫書 107

　昂貴的圖書──《拜耳斯坦有機化學手冊》 108

　淬鍊過的經典醫書──《格雷氏解剖學》 109

　當醫學遇上藝術──醫學圖譜 110

　引發爭端的書 114

十、鄉思與《中央日報》海外版 121

　同學、同鄉、鄉思 121

　尋覓、安置報紙 123

　《中央日報》海外版 125

　讀報的人 126

十一、歸鄉 129

　再度入學 129

　抉擇 130

　密集課程 132

　情誼、友誼 134

　歸鄉 135

十二、後記 137

一、茅廬初出：找到第一份工作

南遷、求職

1972 年初，一個冷雨霏霏的早上，寶珞駕著綠色金龜車，車後拽了一部 U-Haul，小拖車載著全部家當，一家四口從南伊大馳抵阿肯色州小岩城。這一路跨州越郡的高速公路奔得順暢，可是一進小岩城，雨霧籠罩下的山城暮色昏茫，我們繞著繞著，錯過不顯眼的轉折點，被斜行的凱文納大道兩次引到城外，好不容易才繞回市區找到馬可漢大街上的阿肯色州醫學中心，不免對阿州首府街道留下深刻印象。這裡算是座小山城，市區街道沿著丘陵山坡而建，有些地方起伏頗大，地形影響下井字形規整的街道不多。由於有許多斜行大道穿梭市區，外地訪客駕車尋路，市區地圖必不可少。小岩城的地形地貌，與我們原先居留多年的伊利諾州大平原上的大學城，截然不同。

第二天在陽光燦爛中醒來，從暫住的招待所看著山坡上的醫學中心一片連綿的高樓，氣象恢弘，前晚的寒意陰霾頓時消失無蹤。

略事休整，寶珞立刻開始上班，我也開始積極地尋找工作。

求職的主因是想要改善家中經濟情況。靠著研究生獎學金生活幾年下來，我們早已習慣簡約。但是現在添了兩張嗷嗷待哺的小嘴，衣食保健開銷日增，孩子的花費不能剋扣。寶珞的薪資不多，我們需要多一份薪水，多一份保障。再者，我在家休養了兩年多，靜極思動，也想進身職場。無須多想，我就鎖定了醫學中心圖書館，作為我謀職標的，在醫學中心工作，我可以跟寶珞一同上下班，方便。而醫學中心的工作只有圖書館最具人文氣息，比較適合我的志趣。我的運氣好，只是透過寶珞的主管雪曼教授（J. K. Sherman）問詢一下，圖書館居然正有職缺。看了我的簡歷，圖書館館長立時約了時間面試。

圖書館的面試

1970 年代初期的美國醫學圖書館，走在時代科技的尖端。MEDLINE 剛剛推出，館員開始用電腦為使用者檢索資料，專業館員走路簡直帶風。在美國圖書館協會、國際圖書館聯盟這類大型年會上，當問及服務單位時，他們往往會微揚著頭答道：「醫學圖書館」，不免予人一些洋洋自得的聯想。

那時的我，一個尚未取得圖書館學碩士學位的老中，要在美國南方的醫學圖書館謀一職位，內心有些底氣不足。首先，美國圖書館協會認可的碩士課程與學歷，當時已是大部分圖書館僱用館員的基本要件。我擁有的英國文學與人類學碩士學

位，唸書的時候雖然是費了一番腦力與體力，在此次向醫學圖書館叩關的關卡上，自認是扯不上干係的。經歷方面，我曾在大學圖書館工讀過兩年。不過這點經歷與專業學位一比，就不夠看了。

再說當時的美國雖是 20 世紀的超級強國，人民大多的時間算得上文明開通。但是南方各州民情保守，至 20 世紀中葉種族主義仍很強勢。早先南方曾美其名地倡行「隔離但平等」的原則。實則那是一種合法的歧視，公立學校、公共場所、連公共汽車都為白人、黑人提供不同的設施、資源與服務。後來聯邦最高法院雖然藉一系列案件的判決，確認並保護黑人的公民憲法權利，特別是不允許公共教育領域有「隔離但平等」的種族歧視。但南方許多州在教育方面仍然採行種族隔離制度，引起大大小小的衝突、暴亂。1957 年發生的小岩城事件轟動一時，可說是上個世紀黑人民權運動的濫觴。當時阿肯色州長傅伯斯（Orval Faubus）曾派國民警衛隊前往小岩城中央中學，阻止黑人學生入學，後來又有上千名種族主義分子包圍學校鬧事。以至於總統艾森豪動用了「必要的武力」，下令曾參加諾曼第登陸戰的 101 空降部隊，於 9 月 24 日趕赴小岩城護送 9 名黑人學生進入中央中學，維護聯邦政府司法權威，廢止教育上根深蒂固的種族隔離制度。這次嚴重的種族衝突事件地點，便發生在我覓職的小岩城，前後隔了不過十多年。小岩城事件之後，著名的非裔民權運動領袖金恩牧師（Martin Luther King），積極爭取

種族平等，於 1963 年到華盛頓遊行，發表「我有一個夢」表達他對自由與平等的夢想。但是他的非暴力民權運動，仍不見容於當時的南方，1968 年 4 月 4 日他在相鄰的田納西州孟斐斯市被暗殺。南方的種族矛盾偶而引起的騷動不安，我們在四年後的小岩城仍能感受得到，不免擔心此時此地是否尚有排斥亞洲人的心思。

客觀情勢如此，我到醫學中心圖書館面試時，心中不免忐忑。出乎意料，羅絲館長與我的面談很順利，結果她對我相當滿意。大學與研究所的英國文學課程與訓練沒有白費，首先我的英文表達能力獲得肯定。館長又自動從我修習人類學碩士學位課表上，挑出體質人類學（physical anthropology）、考古學（archaeology）、田野研究（field methods）等課程，認為這些都是與生物醫學相關的科學知識，可以略過圖書館學專業的門檻，決定以「比照講師」起用。那時，「比照講師」意謂以教師（faculty）職級聘用為專業館員，其敘薪、升遷、休假、福利，跟所謂職員（staff）的助理相比，算是待遇優渥。

面試之前，原以為跟醫學圖書館沒什麼干係的英國文學與人類學兩個學位與訓練，到底還是有影響，而且還是影響頗大，只是它們的影響力屬於深注潛發型的。後來工作一段時間之後，我才知道美國有些醫學圖書館確實會任用一些具相關學科背景者為專業館員，例如化學、藥學等學科。不過，倒是沒有遇到過人類學背景的。

　　我這第一份正式工作看來是唾手而得。這裡頭可能也有機遇因素。我覓職的時間趕得巧，負責建構圖書館藏的薛爾慈太太即將退休。當時醫學圖書館出缺，似乎只在本州及南方求才，沒有找到合適的人手。及至後來人事管理制度化，出了職缺，需作全國性的徵才廣告，應徵者增多，求職的競爭便激烈得多。

初到醫學中心

　　圖書館亟需替代人力。羅絲館長派我盡快跟薛爾慈太太學習，交接工作，最多三週她便要離開了。於是我們十萬火急地找房子，找看顧兩個稚子的保姆。大致安頓好，1972 年 2 月的第一個禮拜一，我滿懷興奮地開始了我的醫學圖書館生涯。當時的醫學中心圖書館位在教學大樓一樓，往下一層可達餐廳，地面與醫院大樓一樓入口隔條車道，教學大樓這邊有樓梯與電梯，由地下室可通達八樓，一樓的門廳不大，約有 10 平方公尺。每日有學生上下課、教職員上下班、等候電梯、進出圖書館、前往餐廳、醫院等等例行的頻繁活動，經常讓人潮動線在此交織出一幅匆忙甚至熱鬧的景象。我報到的這一天，恰巧學生在門廳靠窗邊設置了兩張桌子，桌上攤開幾疊文件、表格，附近或坐或站了好幾名學生，他們一看到我東張西望似乎在找地方，立刻堆滿笑容迎上來，卻小小地嚇了我一跳，心想羅絲館長也不必這麼大陣仗熱情地歡迎我入夥吧！耳中已聽到他們在

邀請我，「歡迎加入××社團」。這時換我滿臉堆笑地開口：「對不起！不行呀！我不是新生，是新來的老師。」大學裡總共待了超過十年，又是兩個孩子的媽，居然被人當成新生？心中不免暗想醫學中心的學生真的年紀比較成熟，還是美國人看東方人沒什麼眼力，看不出我這老中的實際年齡？還是我竟真的看起來年輕像大學生？思緒亂飄，正有點兒沾沾自喜，腳下已走到圖書館大門。

舊館辦公地方狹小，僅只行政人員、期刊組與編目組等人擠在辦公室裡，參考組、流通組及圖書採訪組都安置在閱覽室內。薛爾慈太太尚未退位，她的辦公桌旁搭了一套桌椅，便是我的臨時辦公空間。我從熟習助理業務開始，這樣近距離地觀察、學習、實作三週之後，對醫學圖書的採購流程、主要代理商、常用工具書等，都有了初步的了解。薛爾慈太太和善待人，對我是有問必答。羅絲館長給的三週學習時間，於我是十分寶貴的，它為我開啟了醫學圖書館的大門，雖然只開啟了一道窄縫，我卻藉此領悟到其中的豐富美好。

二、大環境小環境

鄉巴佬？

　　說起我們的美國地理知識，除了自己居住的伊利諾州之外，只曉得東岸的麻州、紐約州和西岸的加州等，這些有較多華人朋友居住的繁榮之地。而當時阿肯色州只有密西西比州墊背，常年列為最窮的第二州，並不是很多老中愛去的地方。1971年底外子寶珞獲得阿肯色州醫學大學（University of Arkansas for Medical Sciences，簡稱 UAMS，下文簡稱阿州醫大）一份研究工作。我們要舉家南遷，一邊在地圖上規劃南遷路線，一邊跟同學打聽阿肯色州。有位伊利諾州同學笑說：「恭喜！你們要加入鄉巴佬（hillbillies）一夥了。」Hillbilly 一詞指的是南方居住於山區的鄉下人。由於生活環境相對的嚴苛與孤立，他們的語言、衣著、習慣漸漸發展出一些特色。這些山裡的鄉下人比較純樸，但是在北方人，尤其是在居住都市的北方人眼中，hillbilly 寓有生活落後、貧窮等意，含著戲謔，甚至貶義。朋友的戲謔，無端給我們增添幾分惴惴不安。

阿肯色州與小岩城

其實阿肯色州（Arkansas）只有阿州醫大一所醫學大學，我們剛到的時候它還叫做阿肯色州醫學中心（University of Arkansas Medical Center，簡稱 UAMC）。阿州醫大的前身成立於 1879 年，當初由小岩城的胡柏醫師（Dr. P.O. Hooper）帶頭，八名醫師捐出了 5,000 美元而創始。今日從東西方向貫穿全城的馬可漢大街，轉進阿州醫大的那條胡柏街就是為紀念這位醫師而命名的。到了 1970 年代，除醫學院之外，阿州醫大已設置藥學院、護理學院、健康相關專業學院及研究生學院。大學裡沒有牙醫學院，只在健康相關專業學院裡設置了牙齒保健系。阿州醫大表明其唯一任務是改善阿肯色州人民的健康與醫療照顧。這個任務事關人民生死大事，自然包括了州政府官員的健康在內。學校又座落在州政府所在的小岩城，更是便於就近遊說。總之，阿州醫大頗受州政府的重視與支持，分配到較多的經費與資源，可說是該州大學系統的寵兒。我們在阿州工作逾八年半的時間裡，醫大的設備先進，人員充足，圖書館的各項經費充沛，連帶購買圖書的經費都沒有短缺過。直到 1980 年秋季我們返臺後，美國經濟走下坡態勢已顯，許多原本富裕的醫學圖書館不得不忍痛大刪現訂期刊，度過困境，我才恍然了悟在阿州工作的時期，還在美國的經濟興盛期，圖書館才得以大手大腳地暢快辦事。

　　至於小岩城，這個我們寓居多年的城市，並不貧窮、落後。因為它是阿肯色州首府，又是該州文化、經濟、交通的中心，當時是阿肯色州第一大城。諸如藝術中心、博物館、動物園、公園、飛機場等，大城該有的設施，它都有。比起我們原先念書的大學城，食衣住行都便利多了。所以阿肯色州雖然是個窮州，對我們而言卻只感受到小岩城的一片榮景。人口方面小岩城在 1970 年代僅有 13 萬人，不但遠不及當時有 190 萬人口的臺北市，跟臺灣的其他城市相比，也只能跟當年屏東市的 14 萬和中壢的 12 萬人口論伯仲了。人少也正是為什麼上、下班的車流，在正常情況下，很少堵塞的原因。種族方面，白人居多約有 51%，黑人約有 42%，亞裔人口很少，約占 2%。走在街上真是非白即黑，華人是真正的少數。偶見東方面孔都會駐足，趕忙辨認一下是否熟人。就連中國餐館，全城也不過三五家，中美文化交流連最常見最容易接受的中華美食都尚未普遍。自詡喜愛中華美食的，大都還在讚賞糖醋肉的階段，也難怪我們做的炸春捲、火腿蛋炒飯能在教會會友聚餐時受到熱烈歡迎。

阿州名人

　　原先對阿肯色州缺乏了解，只要稍稍查尋一下，便知道它也出過一些國際知名人物。首先便是出生於小岩城的麥克阿瑟（Douglas MacArthur, 1884-1964），他是第二次世界大戰中盟軍

主要指揮官之一，1944 年獲授銜五星上將。他穿著軍服叼著一根玉米芯菸斗的形象鮮明，華文常見的譯名是麥帥。他在撤離菲律賓時撂下的話「我將重返」（I shall return）與後來說的「老兵不死」（Old soldiers never die）已成為他英勇精神、精鍊文字的傳世代表。小岩城還建有麥克阿瑟博物館及麥克阿瑟公園來紀念這一代英豪，這兩處是我們時常帶孩子們休憩之處。

另一位名人傅爾布萊特（J. William Fulbright,1905-1995），他幾乎與 20 世紀同壽。他曾代表阿肯色州任職美國國會議員長達 32 年，其中任職眾議員 2 年，參議員 30 年。他是參議院外交關係委員會任期最長久的主席（1959-1974）。這位美國國會議員在 20 世紀 60 年代的臺灣學界可謂大名鼎鼎。因為他致力於推動國際教育交流，設置了「傅爾布萊特計畫」（Fulbright Program），協助世界各國學生、教師、學人赴美攻讀博士學位或研究，同時獎助美國學者至各國學習研究，以增進美國人民與各國人民之間的互相了解，迄今全球約有 25 萬學生、學者、教師獲得過獎助。在經濟尚處於落後狀況的臺灣，「傅爾布萊特計畫」對許多有心無力深造的學生、教師，提供了及時的獎助資金。傅爾布萊特對全球文化教育交流，有深遠的影響。

最後值得一提的阿肯色名人是柯林頓（William J. Clinton,1946-）這位少年得志的政治人物，32 歲便擔任阿肯色州州長，任職州長十年後再進軍白宮，成為第 42 屆總統（1993-2001），雖然在職期間爭議頗大，還是連任總統成功。

他在阿肯色州長任職內多次訪臺，卸任總統後亦曾訪臺。所以藉由柯林頓的友好宣傳，現在有些國內同胞也聽過阿肯色州的名字，知道它是美國的一州。

三、內外交困的開端：調整與適應

　　在遷居小岩城之前，剛結婚我是悠閒地伴夫攻讀博士學位，自己則隨意選讀一些喜歡的課程。後來接連生下漢兒、華兒，便趕忙結束學習，專心持家育兒，日子過得悠閒。說悠閒，因為整天在家，衣著、行動、時間都隨己意。一早，家裡的戶長便奮起到校研讀，兩個孩子大的才兩歲，通常吃飽喝足洗乾淨，便無大事。做家事不必爭分奪秒，沒什麼壓力。開飯遲早半小時，沒人抱怨。一切我說了就算數。

孩子的調適

　　這樣舒心的日子，隨著我展開全職工作，立時產生了巨大的變化。

　　開始上班是二月，雖然此地冬季已近尾聲，但是氣候尚未回暖。早上六點半天色熹微，把孩子們從溫暖的被窩中挖出來，真要一些定力。然後在他們睡眼惺忪、迷迷糊糊的狀態下，要匆匆忙忙地幫著梳洗，吃早餐。七點一刻之前就要把孩子裹上圍巾、帽子、大衣，帶他們穿過只有攝氏六、七度的廊道和院

子上車，送到保姆家中。上班前這一個多小時的快板操練，令小朋友情緒低落。加上在家裡一向孩子們習慣的是中文環境。他們的英語訓練主要來自電視中的卡通，說的多是標準的美國中西部口音。臨睡前，老爹講讀的童話《鵝媽媽》，或許帶些許山東腔，但是我們真沒有將孩子準備好去面對南方話。保姆麥基太太的家看來陌生，她一口濃重的南方美語更是陌生。每天放下孩子，走回到車上就聽到兄妹倆大哭的合音，下班去接他們，車子剛轉上麥基太太家的車道，立時就聽到孩子大哭的聲音。（後來，麥基太太告訴我們，原來孩子們聽引擎聲，便可辨認出是我們的車子到了，多聰明。）當時孩子淒慘的哭聲彷彿孫悟空頭上的緊箍兒，聽到聲音產生的聯想，令我這生手媽媽愧疚、頭痛不已。心中自忖，先試一週吧！若下週孩子們還哭，再好的工作也不能做了。誰知孩子們哭了三天便停了。白天打電話跟保姆查問，也沒聽到哭聲。麥基太太說他們已成了她的小幫手，時時幫著遞尿布、奶瓶，照顧更小的孩子。以後每天跟孩子話別的時候，總叮嚀一句：「乖乖的，媽媽五點鐘來接你們。」很快，兒子學會了看鐘，而五點鐘"Five O'clock"也成為他們最早學會的一個英文片語。

克服醫學詞彙的困擾

初步的安內任務有成，確定要去拿下這份工作，職場上的

種種挑戰於焉開始。首先面臨的是語文問題。雖然那時我已居留美國多年，日常英文會話不成問題，便是上課討論、撰寫論文也難不倒我。但是，醫學圖書館的讀者用的卻不是一般人用的日常英文。他們的詢問夾雜大量的醫學詞彙。而我在此之前不但從未接觸過英文的醫學詞彙，其實連中文的醫學詞彙我也未接觸過。聽不懂讀者的問題，當然無法尋覓他要的資料，提供令人滿意的資訊服務。鴨子聽雷，大約就是我那時的境況。不過鴨子聽到雷聲，或許會嚇得愣怔，可是剛到職的我，卻沒有這麼幸運可以發呆。電話上一邊歉然地請讀者再敘述一遍，一邊設法用音標記下我不認識的關鍵詞。讀者的名字、系別常成為找資料時的重要線索。另外，有些資深的同事適時伸出了友誼之手，助我度過初期的難關。流通組的喬治太太已在圖書館工作了 20 多年，她一看讀者手書符籙般的指示，立時能認出是哪個科別的醫師，索要哪本圖書。甚至她還能告訴我，那本書在書庫左邊第五排第二層書架上，令我驚嘆不已。我呢，拿著讀者匆忙留下的手示便箋，雖不至結舌，卻只能瞠目以對，真心同情那時初見醫師手書處方箋的藥房夥計。這時喬治太太會幫著辨認讀者的身分、需要的資料。我也迫使自己冷靜下來，快速地彙整讀者提問的相關訊息和線索，先查閱 Dorland 的醫學大辭典和 Stedman 的醫學大辭典，辨明關鍵的醫學詞語及其正確拼寫，再查閱本館的館藏目錄，美國國家醫學圖書館的最新目錄（NLM Current Catalog），印行中的圖書目錄（Books in

Print），即將出版的新書目（Forthcoming Books）等工具，通常就能查到讀者要求的資料，快速地為他訂購所需圖書，盡量減少電話去煩擾讀者。

利用音標記生字、查字典、請教同事，這些只是救急的辦法，不能長治久安。當代的醫學辭典，名目繁多。精巧袖珍型的字典篇幅有數百頁，像 *Dorland*、*Stedman* 這些比較完整的大辭典，頁數逾兩千。背誦這樣篇幅的字典，委實力有未逮，且成效不顯，不能由此入手。於是我先搜尋到阿州醫大的組織結構，弄清楚醫學院、藥學院、健康相關專業學院等各級單位的名稱與負責人名字。查閱醫院門診的科別名稱時，注意到有些科別慣用縮寫字，例如：耳鼻喉科使用的 ENT 便是 ear, nose, and throat 的縮寫；婦產科使用 Ob/Gyn，便是 obstetrics and gynecology 的縮寫。後來知道醫界人士好用縮寫字（abbreviations）及首字母縮寫字（acronyms）。例如心電圖 electrocardiogram 17 個英文字母，通常使用 ECG 三個字母表示；《美國醫學會會誌》（*Journal of the American Medical Association*）這一長串，直接用 JAMA 表示；美國食品藥品管理局（Food and Drug Administration）縮寫成 FDA，醫界人士一看便知。這些縮寫的醫學相關名詞也另有專門的字典可供查用。

熟悉了阿州醫大各單位名稱及其領導人姓名之後，似乎能夠多融入工作環境一些。咖啡時間與午餐時間在員工餐廳遇到阿州醫大的教師、醫師，私下辨認一番，或向同行的醫圖同事

印證，竟成了那時每天的休閒活動。嚴肅的醫學詞彙聯繫上我認識的人物，學習也生動活潑些。

　　盡量地融入工作環境之後，為了能更精準、快速地掌握讀者資訊需求，我還是要面對醫學詞彙。英文醫學名詞用眼睛看，多是一串長長的字母連成一個艱深的字詞；用耳朵聽，還是好幾個音節的艱深字詞。用詰屈聱牙來形容醫學名詞，真的很貼切。因為這些字基本上源自拉丁文或希臘文，一般人看到醫學名詞大約跟華人讀到古文中的用詞感覺相仿，都是不甚了了，因為老祖宗用的字詞湮沒已久。既然無法仿效中學生背誦字典，只好找出幾本圖書館裡的醫學詞彙教材，耐心參詳。這下才知道醫學到底不負它科學的屬性，連醫學名詞的構成都有一些規律可循，不似文學方面的天馬行空。這些源自古典的希臘或拉丁文字，其組成大致可分割成字根（roots），前置的字首（prefix），後綴的字尾（suffix）三大組成部分。例如 neuro- 是希臘文的神經，加上字尾 logy 表示研究/學科，兩者結合成的 neurology 神經科/學。又如 hemat-、hemo- 都與血液有關，加上字尾 logy，便成為 hematology 血液科/學。Derma 皮膚加上 logy，就成了 dermatology 皮膚學/科。

　　可能那時還是年富力強的歲數，記憶力甚佳，多看強記之下，很快便能初步掌握人體各部位、疾病大類等一般醫學名詞。至於針對某一學科的專門詞彙表（glossary），如病理學詞彙表、兒科詞彙表，鱗次櫛比，並未多加誦記，只能借助工具書了。

　　隨著工作的歷練，和醫學標題 Medical Subject Headings 的學習，我認識的醫學名詞與時俱增，這一方面的困擾也逐漸消弭。

四、阿州醫大圖書館

阿州醫大在 1970 年代已設置了醫學院、藥學院、護理學院、健康相關專業學院及研究生學院，是一所學科相當完整的醫科大學，但是學校規模不算大，師生大約 3,000 人，其中包含學生 1,400 人，住院醫師 500 人，教師 700 人，職工 400 人，圖書館也屬中等規模。

設置的任務

簡單地說，阿州醫大以透過教育、醫療服務與研究來促進阿肯色州人民的保健醫療為其任務。圖書館則是為協助達成醫大的任務而設置的。因此，支持醫大師生與大學醫院醫療相關專業人員、創造新知、健康醫療照護相關範圍的工作，及時地為使用者提供資訊資源與服務，便是圖書館的主要任務。

圖書館的位置在市區比較熱鬧的地段，傍著一條貫通東西的大街，交通十分便利，附近居民密集，可是圖書館裡的讀者都是本校的學生、教師、醫師、職員，見不到市內其他大學或中學的學生，也見不著附近的民眾。臺灣地窄人稠，有些大學

圖書館資源較豐，常有他校學生與一般民眾也來要求服務。喧賓、勢眾也語多，輒以納稅人自居要求利用圖書館的各種權利，分享空間，甚至借閱圖書。歪理說久了，有時會將館員繞進去，主從不分，以致大學圖書館內會有一些民眾在館內自習，或是一群身著中學生制服的讀者在做功課。殊不知大學圖書館若承接了其他圖書館的責任，相對地就會削減了本校師生原本應該享用的圖書館資源權利。

阿州醫大圖書館一方面嚴守分際以本校師生為服務對象，另一方面由於在美國地區性醫學圖書館合作網（The Regional Medical Library Network），它是阿肯色州唯一的資源圖書館（Resource Library），亦須支持全州醫療專業人員的資訊服務。鄰近小岩城的醫師可直接來館要求服務，散居遠處的醫師便要透過阿州醫大地區中心圖書分館提出需求。我不曾參與提供這些服務，不知詳情，只是在流通櫃臺多次遇到同事簽收地區中心寄回的視聽器材與資料。視聽器材與資料都能藉著快遞借出，圖書外借更是不在話下。這項嘉惠全州醫師的資訊服務立意恢宏，能在經濟發展落後的南方內地落實，足見美國各級政府普及醫學資訊服務的決心與支持。

圖書館服務的對象雖然定義明確，偶而還是會有些特殊的訪客。舊館時期，在我們對街的阿肯色州立精神病院（Arkansas Mental Hospital）間或會有病人不小心逛了進來。因為他們神情多顯恍惚不安且穿著住院病患的衣服很容易識別。通常第一

時間喬治太太就會去電病院,請他們迎回迷途的病患,結束這
類校外讀者服務。遷入新館的二樓之後,我觀察讀者的機會大
為減少。經過閱覽區,所見讀者多半都沉浸於閱讀資料中,偶
有走動和交談的聲音,也都是特意壓低放輕的。那些年,醫學
圖書館的讀者總予人沉靜、認真而端肅的印象,不知是否因為
讀者的學歷和年齡都已臻成熟之故。

資源與館藏資料

　　雖然阿肯色州的整體經濟欠佳,每每位列美國 50 州的末
端。州政府每年卻提供充裕的經費給阿州醫大,而醫大每年提
撥到圖書館的經費應該也是充裕的,因為阿州醫大圖書館的經
費及許多資源在美國與加拿大 120 多所醫學圖書館的統計數據
當中,都能排列到中等數值之上[1]。由此推測該州政府重視醫學
教育與醫療服務或有窺豹一斑之嫌,但是阿州醫大獲得州政府
的積極支持各項資源,卻是顯而易見的。

　　說到資源,首先人力方面,圖書館的工作人員共約 37 人,
其中專業館員 12 人,助理及技術人員 24 人,專職夜間管理員
1 人。與綜合型大學不同的是,全館沒有僱用工讀生。員工人
數並不僅是來自個人的記憶,我還參照了阿州醫大學生紀念冊

---

[1] Annual Statistics of Medical School Libraries in the United States and Canada, 2003-2004.

上 1978、1979 兩年的圖書館工作人員合影照片，以及上述北美醫學大學圖書館的統計數據推斷出來的。專業館員與助理的員額比例是 1：2。那時助理人員流動性很高，兩、三年一換，感覺訓練助理耗時甚多。專業隊伍卻極穩定，好幾位館員是從一而終地在一個職位做到退休。這份對圖書館工作持之以恆的態度持續到 21 世紀。根據上述北美醫學大學圖書館年度統計，2004 至 2005 年度阿州醫大圖書館 12 名專業館員的平均年資達 20.83 年[2]，資深館員應居多數。當年專業館員的學科背景，除了圖書館學之外，另有化學、微生物學、教育學……，當然還有人類學等，覆蓋的專業範圍甚廣。館內人力方面以 37 位全時工作人員，服務主要使用者 3,000 人，工作人員與使用者人數比例算是寬裕；圖書館提供的人力資源質量允當，足敷差遣。

館舍空間一直都是圖書館提供的一項重要資源。1977 年遷入剛竣工的第二教學大樓，館舍占地 44,000 平方英尺（約合 4,087 平方公尺）。自大樓南方門廳入館，一至三樓陳置書、刊各類資料，第四層占半層樓板面積為視聽資料室。館內鋪著地毯，吸音效果甚佳；全年使用中央空調，溫度調得是冬暖夏涼，十分宜人。閱覽桌椅散置各層，一樓及二樓均有部分挑空，二樓挑空區域頗大，設置多座弧形長沙發，方形及圓形小桌椅，氛圍類似今日的「休閒」閱覽區。二、三樓書庫區單獨隔出幾

---

[2] 同註 1, p. 63. Table 27.14 Years of Professional Experience, 2004-2005.

個小間，內有桌、椅、插座，供學生自習、討論，有需要時，可向圖書館借用電動打字機。1984 年我赴美蒐集論文資料，暫居小岩城期間曾借用圖書館的研究小間與打字機撰寫文稿。那時館舍啟用近八年，設備與空間使用起來仍感寬敞舒適。

館藏方面，因為蒐藏的主題以生物醫學相關的資料為目標，生物、化學、物理、解剖、生理等基礎科學之外，便是臨床醫學各科。遷入新館時，館藏圖書約 25,000 冊，現刊 3,000 種，微縮資料 3,500 件，視聽資料 1,500 種。印本圖書與裝訂成冊的期刊共約 11 萬冊。

上個世紀前 70 年還是以印本為主要傳媒的時代，著重學術研究的大學圖書館若要較量彼此的資源，首先便會打聽各館的藏書冊數，阿州醫大的館藏冊數遠不及綜合型大學圖書館的館藏冊數。1983 年圖書館學前輩胡家源在其調查報告中指出，哈佛大學圖書館的館藏逾千萬冊，超過當時我國所有 26 所大學圖書館館藏量的總和[3]，一時引得人人驚羨不已。殊不知哈佛大學並非一所普通大學，它立校三百多年，圖書館不是一間圖書館，而是由 70 多間不同專業領域的圖書館所組成的一個圖書館系統。對於一個注重學術研究的頂尖大學，包羅廣泛地累積 300 年，圖書館其學術資源發展成為世界最大的學術性館藏也是有跡可尋。

---

[3] 胡家源，〈三十年來的大學及獨立學院圖書館〉，《中國圖書館學會會報》，民 72 年 12 月，頁 34。

　　醫學圖書館的館藏發展與積累與一般大學迥然不同。許多北美的醫學大學圖書館雖然也肩負著支持研究與創新工作，藏書量卻不大。大型的醫學圖書館館藏量或有幾十萬冊，但總館藏冊數是以裝訂成冊的期刊冊數占大宗。圖書藏量 5 萬冊以下者，比比皆是。阿州醫大圖書館的藏書量於 1980 年增至約 29,000 冊，算是規模中等的書藏，很難想像這是間具有百年歷史的大學。一般大學圖書館經歷這些年，很輕鬆便可累積到一、二百萬冊。阿州醫大圖書館卻因蒐藏主題限於生物醫學，內容以工具書、基礎教材、輔助教材為主，加以語文只用英文，年增新書約在 900 至 2,500 冊之間，視經費多寡增加的數量差距相當大。同時為了提供新知，每年大量淘汰舊版、過時圖書。新版圖書一入館，舊版圖書立即撤架、註銷送去銷毀。為防止讀者自舊版圖書取得過時與不正確的數據、技術等訊息，圖書館一向採取銷毀舊書的處理方法，而不轉贈給個人或其他機構使用。淘汰的數量很大，有時達到年增量之半。阿州醫大圖書館的館藏圖書數量低，成長緩慢，其實也是許多醫學圖書館的常態。

　　阿州醫大為了趕上同儕醫大的研究工作，所得經費先押在訂購期刊之上。圖書館常年維持訂閱 3,000 種期刊，這個數量遠遠超出北美醫大圖書館訂閱現刊的中位數（median）。圖書館的資料購置經費約有 75%至 85%挹注於期刊之上。期刊館藏涵蓋的主題當然也是限於生物醫學相關的學科，出版地以北美為

主。歐洲的期刊也不少，比較著名的出版社，如 Blackwell、Elsevier、Karger、Springer 出版期刊也出版圖書，它們有一共同點，就是比北美的出版社定價高很多。不論出版地在英國、德國或是荷蘭，內容皆以英文發表，就如刊名很北歐的幾種 *Acta…Scandinavica*，內容也是英文的。當時醫大的師生閱讀語文以英文為主，德文、法文的書刊極少。一般性的雜誌只有《時代》（*Time*）、《新聞週刊》（*Newsweek*），一隻手最多一雙手的手指便可算清。

在期刊是「王道」的醫學圖書館裡，隨著期刊訂閱的漲幅、匯率等調整後剩餘的經費才能分配到圖書、微縮與視聽資料上。因而，阿州醫大圖書館的圖書採購經費不穩定，藏書量增長較慢。

開館與服務時間

尚未成為圖書館館員之前，我早已是圖書館的使用者。自中學，大學到研究所的求學生涯中，我一直是學校圖書館的常客，因而經常留心著圖書館的開放時間。上個世紀中葉，臺灣的休閒娛樂事業尚未起飛，閱讀、看電影與聽廣播是普羅大眾的主要休閒活動。中學時期我們沒有課後補習活動，課餘時間竟覺得十分寬裕。初中開始，我迷上閱讀小說，學校圖書室只有一大通間，藏書雖不算多，卻夠我看的。我從各種演義、章

回小說開始囫圇讀，然後是翻譯小說《傲慢與偏見》、《咆哮山莊》等，由世界名著讀到《神探福爾摩斯》與《俠盜亞森羅蘋》。閱讀材料雖不匱乏，但是開館時間卻是一大困擾。圖書室的開放時間幾乎等同上學時間，早上八點開到下午五點。我上課，它開放；我放學，它下班，而且週末不開放，圖書館經營得理直氣壯。借還書要利用課間休息的 10 分鐘或是午休飯後的 20 分鐘跑一趟。為了閱讀小說，我常需奔走教室與圖書室之間的廊道與樓梯，幾年下來倒是練成了身手敏捷。進了大學才知道圖書館可以開放到晚上，而且學生上課剩下的空堂也多，利用圖書館的時間和態度，便從容閒適起來。大學圖書館提供的空間、資料與設備都很豐裕，可說是集眾優於一處，無論是預習、複習、找資料、寫作業都比在家或在宿舍方便舒服，是我喜歡流連久久之地。

　　到了阿州醫大圖書館，才知道醫學圖書館開放時間與服務精神頗有一些特殊之處。首先，醫學大學圖書館向來開館服務的時間長。即使在彈指間便可取用電子資源的 21 世紀，美國和加拿大兩國 128 所醫大圖書館還維持著平均每週開放 97 小時，每週開放 105 小時以上的圖書館很多，例如耶魯大學 105 小時，喬治華盛頓大學 113 小時，印第安那大學 111 小時[4]。相形之下，阿州醫大圖書館每週開放 96 小時，只能算普通而已，但是比較

---

[4] 同註 1, p. 31. Table 27.5 Resource Use – Hours, Use, and Reference.

特殊的是圖書館的空間與資料在閉館後仍可供讀者使用。從前，讀者可持學生證或服務證去大學的保全組換取鑰匙入館使用；現在圖書館在第二教學大樓的北面廊廳設置了刷卡機，供讀者在閉館時間刷卡入館。從使用空間、設備與資源的角度看，阿州醫大圖書館其實是全年無休的。從我開始服務的時間至今，這種開館方式，行之至少半個世紀未有改變。圖書館的館藏與設備沒傳出有何損失，阿州醫大的學生似乎頗能遵紀守法。

週一到週五早上 7：30 就開館服務，方便上課之前師生使用。週六早上 9：00 開館，似乎要給讀者和館員補些睡眠時間。週日開館時間較特殊，上午休息，下午一點開放至夜間十點。週日上午休館似乎與基督教有些關聯。上個世紀美國南方許多州還奉行藍色法律（Blue Laws）又稱週日法（Sunday Laws），限制週日的某些商業活動如販售酒類、保障適當的休息，及鼓勵宗教活動。基督教徒都在週日上午聚集崇拜，圖書館休館，便給予讀者和館員安心禮拜的時間，工作與宗教活動不致產生衝突。

從阿州醫大圖書館的開放時間，可以體認到圖書館不必一成不變地實行一種開放時間。其實開館時間可以允許一些彈性，一方面可以盡意配合讀者的需求；另一方面也可以顧及當地文化習俗，館員的需求，做到各得其宜。

文獻檢索

　　圖書館提供的各種資源和服務，閱覽流通、館際互借等，項目上十分標準，強調服務的時效和態度親民則是醫學圖書館的特色。直接提供讀者的服務之中，以利用電腦執行文獻檢索最受重視。醫學索引（Index Medicus）後來發展成醫學文獻資料庫（MEDLINE），這份重要的索引源於 1879 年，由美國軍醫署的外科醫師兼圖書館長畢林士（John Shaw Billings）發起，與傅雷契醫師（Robert Fletcher）編輯。至 1970 年時這份索引收錄了全球生物醫學相關學科的期刊約 2,200 種，全年收錄的文獻逾 20 萬篇。有醫學史專家稱譽它是美國對促進醫學知識最巨大的貢獻。圖書館除了訂購每月出版的索引提供最新資料，為了方便回溯式查檢，同時也訂購了年彙編本。參考室那時需要館員或助理經常巡視，因為讀者只要查檢最近幾年的索引，凡閱過的必留下書跡，那些桌面往往或疊擺或攤開一堆書，須及時整理歸架才能方便下一位讀者利用。這些紙本索引塊頭大，分量重，館員每日仿陶侃搬磚幾次，臂力都鍛鍊出來了。直到 1970 年代中期紙本的 *Index Medicus* 都是醫學圖書館的主要工具書之一。

　　早在 1950 年代美國國家醫學圖書館（NLM）就查覺到紙本醫學書目文獻量龐大，開始思考機械化處理，經過 1960 年代醫學文獻分析與檢索系統（MEDLARS）過渡階段，計算機化

加工、檢索與編製至 1971 年底漸臻成熟，NLM 遂推出一個線上系統 MEDLINE（MEDLARS Online）。為了確保這套系統被人接受，NLM 差遣出一些伶俐能言的檢索專家揹著可攜帶式電腦至各大醫學中心圖書館演示宣傳。我們眼見以往要花費許多時間的人工檢索，彈指間便嘩嘩啦啦地印山 疊書日資料，莫不立時驚服。其實早期的系統僅含 239 種期刊，只能供 25 位用戶同一時間上線，算是試行推廣，醫界和圖書館界卻已迫不及待地表示歡迎。

　　MEDLINE 的檢索要依循它規範的醫學標題詞彙（Medical Subject headings，簡稱 MeSH）。透過這套控制語彙和布林邏輯（Boolean）才能檢索出適用的文獻。一般讀者沒有時間也不願費力去熟悉 MeSH，於是檢索的工作就落在參考館員肩上。他們搭上科技的順風車，乘時乘勢地發展起檢索服務。每天到參考櫃臺旁俯首與館員商談查尋文獻題目的教師與醫師簡直絡繹不絕。參考館員學習並掌握了查尋的詞彙和策略之後，讀者就能快速地收到一摞摞印製的文獻書目。這段時期讀者對圖書館服務的滿意度達到空前的高度，而參考服務的風頭也一時無兩。

五、讀者群像

　　阿州醫大圖書館的主要讀者是教育程度較高的專業人士。醫科學生是讀過大學醫預科課程的，至於其他頻繁使用圖書館的教師、研究員、醫師，教育程度通常是更高。在資訊來源以紙本為主的年代，師生課餘多來圖書館翻閱書刊資料。舊館的閱覽室空間不算大，上午十點之後幾張大閱覽桌經常坐滿了利用課間空檔閱讀的學生，後面站著翻閱新到期刊的教師，再加上三三兩兩要求參考館員回答問題或是檢索文獻的讀者，這時的閱覽室顯得十分活絡，人氣甚旺。

讀者提問率直不區分館員

　　由於我的辦公桌設在閱覽室，儘管我負責的業務工作是圖書採購，卻常在工作時被讀者的詢問打斷手上的工作。不管我在核對書目、準備訂單，或是比對帳單，若是辦公桌旁沒有正在諮詢的人，便常有讀者走來提出各種資訊服務的要求。從尋找圖書、期刊到代查阿州某城小兒科某醫師的電話地址等各式問題（在網路時代之前，電話地址是常見的即時參考問題，各

城的電話地址簿是參考區的重要蒐藏）。在提問方面，許多讀者
對館員的態度可說是十分公平。他們看待館員是一視同仁，不
會區分什麼讀者服務的館員與技術服務的館員。一有問題絕不
悶在心裡，逮著一位附近的館員，不管她/他是負責什麼業務，
立刻提出問題，要求協助。除了極專業的問題如醫學文獻檢索
需要轉給參考館員，一般指示型問題或是即時參考資料能解決
的問題，置身閱覽室的館員包括我在內，都會盡量協助尋得答
案。美國的讀者勇於提問，這一方面與我國讀者的性情大多保
守含蓄，形成有趣的對比。回國後我服務過醫學圖書館與大學
圖書館，常在參考室、期刊室等處見到面顯茫然的讀者，館員
要上前問他需要什麼協助，才會挖出他的問題。或許，這也反
映出美國圖書館的讀者比較了解自身的權益，知道圖書館是個
以服務讀者為重的單位。

　　這種兼顧讀者服務的工作情形，一直到 1977 年秋季新館竣
工，我跟助理隨著技術服務部門搬到新館二樓後側的辦公室，
離開了閱覽室，圖書採購才恢復成幕後服務讀者的工作。不過，
在閱覽室磋磨和學習的日子，讓我有機會每天近距離觀察與接
觸讀者，進而見識到阿州醫大圖書館讀者一些有趣、獨特之處。

資訊需求認真而急迫

　　首先，令人印象深刻的是讀者有時尋覓資料會表現得十分

急切，我曾看過一些年輕的醫師，戴著手術室的帽子、穿著綠色罩袍和鞋套，跨過醫院與教學大樓間的車道，衝進圖書館找尋資料。那時在圖書館的工作同仁尚需遵行所謂的服裝規範（dress code），洋裝或套裝都講求端莊大方。圖書館裡出現身披全副手術室衣著的讀者不免令人側目，再聽到他尋求的是藥物及手術的訊息，側目變成了震撼，起初我心想這佛腳也抱太急促了，暗中盤算下次去醫院求診要如何避開他才好。其實這位醫師並非短缺基礎知識，他是針對病患的特殊情況正在搜尋最新即時的醫療新知，這種努力不懈的態度真令人欽佩。今日外科對手術室的工作與管理一定周延得多，手術室的衣褲鞋帽應該不能穿出手術室外，圖書館裡自是少了身穿手術室工作服的讀者一景。

醫師對獲取最新醫學訊息向來是十分認真的，在電腦與網際網路盛行之前，生物醫學的出版社也在認真地配合需求。不但紙本期刊快速地提供新知，連圖書也經常更新版次，知名度很高的 CRC 公司出版的《化學與物理手冊》（*CRC Handbook of Chemistry and Physics*）便是每年更新一巨冊。有些圖書在更新版次之前發現錯誤，出版社會寄來勘誤頁（errata），提供圖書館找出原書，貼在書內。還有些經常更新頁次的醫藥、醫學法律方面的圖書，出版的時候便採用活頁夾形式，遇有更新頁次，館員即按著頁次更換。這些都是前電腦時代，取得最新資訊的一些辦法。因為醫學資訊攸關人的生死，所以資訊的正確與新

穎特別受到重視。

　　讀者尋求資訊的急迫態度，例子不少。有一次接受讀者提問，記下他的聯絡電話後，照例問他何時需要這份資料。他竟回答說「昨天！」我稍一愣神才領會這個美式幽默，同時也真切地感受到面前讀者需要資料的急迫性。碰到提問急件就要立刻處理；一旦手邊積攢了待覆的急件問題，便要向參考組的館員求助分攤。我們無酬為參考組代工，除了緊張和辛苦之外，也不是全無好處的。讀者服務直接在現場為讀者解決疑難，讀者雪亮的眼睛看得見。除了經常得到滿口動人的感謝言詞，逢年過節尤其是聖誕節、新年和聖瓦倫泰節（St. Valentine's Day 每年二月十四日，國內譯情人節，這天情侶間以各種方式表達情意。美國人在那天見面互道"Happy Valentine"幾乎成為人們當天的招呼語，並不限於情侶間互訴衷情），閱覽室裡讀者服務部門館員的辦公桌上，經常見到精美的卡片、鮮花、糖果和小禮物，表達讀者對他們的謝意。自從搬到新館二樓的辦公室之後，我再沒見過這些令人愉悅振奮的福利品。讀者的雪亮眼睛終未穿透技術服務部門的門牆。

讀者與館員的爭執與溝通

　　讀者與館員的美好互動之外，偶而在閱覽室也見到一些糟心的事。

　　讀者需要資料雖常顯急切，但是有些需要資料的讀者並不親自到訪圖書館，他們會派遣研究生、助理、秘書等人來覓取。一看披著實驗室白外套的青年就知道是研究助理或研究生，而踩著高跟鞋，巧妝如花的女子多半是秘書。教授或資深的醫師多半工作忙碌；即使不忙，有時也懶得跑一趟圖書館，便會支使手下代覓資料。在講求成本效益的資本主義美國，試想一位醫師一小時能看多少病人，能為醫院賺得多少診金，再計算一下一名助理的月薪是多少，讓助理代跑一趟圖書館實在划算。麻煩的是中間多了一名轉達需求的人，若是未能確切掌握題意，館員提供的資料就不能令原始問詢者滿意。這時讀者只好親訪圖書館，與館員再做溝通。溝通不順，就容易成為爭論責問。我見過讀者將成疊印好的醫學檢索成果投入參考組的垃圾桶，要求館員立刻重新檢索。重新檢索的責任歸屬、時間、費用等問題，在面對面溝通中若是不能達成共識，溝通漸漸會變成辯論、爭執。當時圖書館奉行的金科玉律便是館長掛在心間口中的箴言：「讀者永遠是對的。」閱覽室裡，只要讀者的嗓門加大，眾人關切的目光便自然投注到與他對談的館員身上。雖說大家心裡知道有理不在聲音大，可是高分貝對人還是有影響的，尤其是負面的影響。再說，大聲爭論為時一長，還可能引來館長大人的關注。館員受不了種種無形的壓力，就會屈從讀者的要求。有一次，方自圖資研究所畢業的年輕參考館員蓋若琳受不了讀者近乎咆哮式的溝通，請他移駕館外大廳繼續討

論，免得討論的聲音干擾他人，也免得討論過程受到影響。

其實不止是參考組會與讀者發生爭執，但凡直接接觸讀者的工作，都有可能因雙方意見相左引發爭論的時候。我在適應醫學圖書採購工作之初，自己便經歷過一些與讀者的磨合。曾經有位讀者推介採購一書，作者姓氏"Kaplan"，我翻閱各種工具書就是查不到此書。後來改由學科入手查尋新書，找到一本書名相近的書，作者姓氏為"Caplan"。因為"Kaplan"與"Caplan"發音相同，我有些猜疑是讀者要的書。拿了資料去問推薦者，他說我查得的資料正是他要的，他記錯了姓氏寫法。

還有一年秋季剛開學有位教授來推薦一本會議錄，我查遍一般工具書與專門彙整會議錄的工具書都查不到此書，無可奈何只得再與推薦者聯絡。教授抽空來了，面有不豫之色，他說夏天在開會的會場親眼見到此書，他不明白為何我查不到此書。好言安撫了讀者，我繼續努力查尋，半個月後在新到館的 *Forthcoming Books* 上，果然找到此書。這本工具書專事預告即將出版的新書，它明白地印著將於十二月出版該書。教授看到印在白紙上的黑字，這才恢復了對我的信心。我持續追查之下，才知道教授在會場上見到的是會議摘要集 Abstracts，他推薦的會議錄 Proceedings 則要到同年年底才能出版。

這些經歷觸發了後來我對讀者服務的一些看法。理念上，我贊同「讀者常常是對的」，但是執行上還是要慎重，依據事實而定。再說圖書館執行公務常有財力、人力、資源、法規等等

的限制。現實上，圖書館無法滿足每一位讀者的資訊需求。返國後，我對館員與學生提出理直氣和的服務理念。在一線服務的館員直面讀者質疑，尤其是面對一位怒氣沖沖的讀者時，務必要維持心平氣和的心態，耐心地解釋與溝通。若是沉不住氣，館員的氣性隨著讀者爭執而增溫失控，圖書館的政策、規定、理念再妥善，都會大打折扣。只要扣上一句「不尊重讀者」，便是秀才遇到什麼人，館員很難脫身。

理直氣和的做法在國內的圖書館也確曾有令人欣慰的實效。記得那還是紙本期刊盛行的年代，大學圖書館以有限的經費很難滿足全校師生訂購期刊的需求。我剛接掌某間大學圖書館館長一職，便面臨增訂西文現刊這個重要的課題。與同儕大學相比，我們的期刊數量較少，而經費卻一時無法增加。檢討初期審視總館與系所訂購清單就察覺有嚴重的複本訂購。像 *Nature* 訂有 4 份，*Science* 訂有 5 份，即便那些是國際知名的重要期刊，同一校區這種複本訂購還是虛耗了全校的期刊經費。進一步梳理期刊清單，竟找出一百多份複本現刊。後來決定綜合性高的期刊如 *Nature* 與 *Science*，由總館訂購而少數專業性強的期刊，由相關性最高的系館訂閱一份。刪除複本期刊所得的經費則投注於增訂需要的期刊。如此在現有的期刊經費限制下，以刪除複本來擴大全校期刊資源的這項策略，受到絕大多數師生的認同與歡迎。可是這策略也引發了極少數教師的不滿，認為總館干涉系所經費用途以及使用不便。其中有位教授

三番兩次到總館抗議。我私下叮囑負責期刊的年輕女同事面對怒形於色的老教授，要按捺情緒，細細解釋刪除複本期刊的緣由。經過兩次柔聲說明，抗議變成了抱怨。第三次到訪，老教授要求會見始作俑者，見到我，他竟然表示為了豐富全校期刊資源，勉予同意我們的策略。也許大學校園裡懂理識禮的人還是很多的。

教員之間有等級？

還有一件令初入美國高教系統的我困惑的，是我們的服務對象有層級之分。不但教員與職員是兩個截然不同的層級，教員之間還有等級之分。我自是了解大學裡教授、副教授、助理教授...等，層級分明。但是教授與教授之間還分等級，就令我不解了。老美從開國之始，就深受洛克（John Locke）天賦人權，人生而平等這些大道理的影響。1776 年傑弗遜（Thomas Jefferson）起草獨立宣言就明言人人生而平等。不料這個道理過了二百年還是未曾落實，反而落入了歐威爾（George Orwell）在他著名的政治諷寓小說《動物農莊》（*Animal Farm*）接近尾聲時寫下的情景中：所有的動物生來平等，不過有的動物比其他的動物更平等。"All animals are equal but some are more equal than others."

校務會議（Faculty Senate）議事時，大多數與會的教職員

代表都靜靜地審視資料，偶爾有人簡要地表達一下意見。有些
教授則氣勢十足，侃侃而論，暢所欲言，將會場當成自己的課
堂。這是有身價的教授！我的揣測其實是有根據的。只要翻閱
一下阿州醫大求才欄的廣告，便能印證。同樣的職級，相似的
年資，醫學院的起薪最高，藥學院的起薪次之，護理學院的又
次之。至於性別和種族間的薪給是否存有差異，只能存疑，留
待考證，因為那時面談的實際職等薪資都是個別簽約，不是公
開的資訊。若是能取得校外資源做研究，論著發表不輟，或是
在重要的生物醫學學會裡擔任理事、主席，具有學術知名度的，
都能抬高個別教授的身價，這些身價高的讀者來到圖書館雖不
至於頤指氣使，但是他們的曝光率高，認得他們的館員多，似
乎受到比較熱情而周到的接待。

　　1980 年回到臺灣，發現副教授的起薪不論系別，無分男女
都是同樣的薪資，心中感嘆，還是中國文化底蘊厚，至少在男
女教師等級待遇上做到誠實無欺，人人平等。

六、工作的夥伴

　　當初我選擇從事圖書館服務之時，還不曾拜讀這門行業的經典名著《參考服務》（*Reference Work: A Textbook for Students of Library Work and Librarians*）。美國先賢魏爾（James I. Wyer）蒐集資料研究之後，歸納出參考館員應有的特質，如智慧、精確、判斷等，列出 27 項之多。1930 年魏爾著書之時，他也知道天下地上沒人能完全達標。但是他卻將這些理想的特質清單條列在美國圖書館學會出版的教材上。如此，會不會對有志圖書館事業的學生，反而產生嚇阻作用？讓原本想獻身參考工作的人望之卻步？後來讀到 2001 年中國大陸出版的《讀者工作》教材，時間不算很舊的書，作者針對讀者服務人員的基本素質提出三項要求，其中第一項便是政治思想修養。他架設的門檻在方向上與美國學者的期許又有極大的差異。

　　好在我那時蒙昧，不知理想的圖書館員該是個什麼樣，憑藉滿腔服務的熱忱，竟也撐了下來，而且前頭幾年還為讀者服務做了一些代工。這不得不歸功於阿州醫大圖書館提供了許多學習的機會、良好的工作環境和工作夥伴。

　　阿州醫大師生讀者大約 3,000 人，規模不能算大，但是館

內服務人力不算少。全館約有 37 人，其中專業館員 12 人，協助的職員流通性較大，約有 24 人，夜間管理員 1 人。館舍每日清潔維護，另有醫大庶務組專人負責，不必我們動手。比較起來，返臺之初，我服務的獨立醫學院，師生約 2,000 人，共有 6 名工作人員，人力顯得十分薄弱。儘管現在獨立醫學院改制成了醫科大學，多所醫科大學學生人數超過六、七千人，圖書館裡通常只有 10 幾位到 20 位服務人員。其實，人力充沛，相對地服務周到的機會也能增加，而且人員進修成長的機會也多些，不知不覺中就能提升工作成效。相形之下，美國的醫科大學圖書館除了講求便捷、智能的服務，也注重人性化的管理。

　　我在這所圖書館的八年多，專業館員之中，先後只遇到三位離開的館員。編目組的蕭理太太因為冬日結冰的地面滑倒，摔裂骨盆，提早退休；技術服務部主任蓋兒的先生從法學院畢業，兩人回紐奧良工作；參考組的布蘭達追隨男友遷往舊金山發展。他們提出離職的原因也是堂堂正正。基本上，12 名專業館員隊伍，相當穩定整齊，不似職員隊伍，流動性很大，兩、三年間各組的助理人員都換了一輪。專業隊伍穩定，對於身為新手的我，好處很多。大家每天醒著的時間，一半以上都聚在圖書館。日復一日，倒是給予我許多觀摩學習的機緣。終身誨人不倦的孔老夫子都說：「三人行，必有我師焉」。12 人之中，當然更有可師法的。一開始逢到薛爾慈太太傳授的基本工不足以因應之時，我不管下問還是上問，總能找人問到解決的辦法。

工作穩定後，每年我都找機會參加美國醫學圖書館學會（Medical Library Association，簡稱 MLA）、南部五州聯盟（美國南方中部五州，Texas, Arkansas, Louisiana, Oklahoma, and New Mexico，簡稱 TALON）和各種圖書館組織在年會期間舉辦有關館藏發展的在職進修課程，自己積極閱讀與工作相關的文獻，慢慢地摸索到館藏建構、評量的竅門，工作起來就添了幾分底氣。

專業館員的學養和經驗外顯於他們的工作，固然提供我學習的機會，同時日子一久，各人的脾氣習性漸為人知，我在這裡也結交了幾位好友。返國定居之後，臺美相距遙遠，疏懶如我仍保持與他們的書信後來改成電郵聯繫。分開四十年裡，我曾四次返小岩城探望他們，每次餐敘總能見到六、七位老友。想想昔日的工作夥伴，如今成了終身好友，倍是珍惜。下面略記一些對我影響較深，印象亦深的人與事。

羅絲

如今回顧印象比較深刻的工作夥伴，首先便想到羅絲。我在阿州醫大時，她已在館長職位上。此後直到退休，她都擔任館長之職。當年館長沒有所謂的任期之限。她前後至少做了二十多年館長。這位女士聰明幹練，累積多年行政經驗，處事審慎而果斷。她論起公務自然的威儀總令人戒慎三分，日常待人

卻是親切有禮。每次在館裡遇到時，總見她面帶微笑，精氣神十足。阿州醫大規模不大，常到圖書館的教師她幾乎都很熟悉，對待這些熟識的讀者，招呼之餘她還能寒暄幾句學校或系上的近況。館內的小道消息她也能掌握一二，誰家有人病了，孩子畢業去就業，她都能適時親切的致意。

我到職大約二個月時，有一天在休息室遇到羅絲，她忽然問我多久沒有返臺探親，是否想參加美國醫學圖書館學會的年會，若有意願可以早做規劃。原來那一年的年會地點在加州聖地牙哥市，六月中旬的會議四月前便要向阿州醫大提出申請。當時圖書館經費充足，重要的年會每年可派出三、四人參加，機票、食宿和註冊費都能補助。於是，在羅絲的鼓勵下，我興沖沖地跟另外兩位同事飛去聖地牙哥市，參加了生平第一次的醫學圖書館學會年會。跟一千多名醫學圖書館館員參與了隆重的開幕式，聆聽許多專家學者講演，還真感到新奇振奮，果然吾道不孤。年會之前修習的選擇與建構館藏課程，更是一大驚喜。講師指點出醫學館藏建設的基本理念，前此四個多月的工作突然從零零碎碎歸併成清晰的架構。課程綱要上的書目，更為我提供了未來探索的便捷途徑。這次在職進修課程只有短短一日，對我卻仿如撥雲見日，祛除了獨自摸索的惶恐。聖地牙哥市的 MLA 年會為我的專業知能開啟了一道門戶，自此不論有無公費補助，我都積極爭取機會參與各種年會與在職進修課程。

年會結束，我由聖地牙哥直飛臺北，探視久違的雙親。原

先赴美攻讀學位、結婚、生子、搬家……，一直忙得像陀螺，
而家庭經濟也無餘力去考慮省親。到了小岩城，雙薪家庭經濟
上雖然寬鬆些，但是才上班幾個月，尚未攢到休假。這次是圖
書館特許我「預支」休假，讓我能圓夢回臺探親，我也不能太
過率性，只請了十天休假，加上週末，跟多年未見的父母團聚
兩週，心中歡喜自不待言。而我對羅絲主動照顧屬下，印象深刻。

　　羅絲待我雖是寬厚，但是處理人事不失公允。我服務滿三
年後，順利由講師晉級助理教授。1979 年時，我的年資與工作
績效已達副教授升等要求，正在一面勤奮工作，一面竭力完成
圖書館學碩士課程。這時寶珞獲得念想已久的國內大學教書機
會，他想回國作育英才，我則盤算先取得碩士文憑，以後不管
搬到何處，都可以理直氣壯地繼續從事我已經喜歡上的圖書館
工作。家庭協議的結果是，給我一年時間滯美完成學業；他先
攜帶兩個孩子回國，大人適應一下教書生涯，孩子們也可儘早
適應全中文的生活環境；然後我回臺一年再決定全家的去留。
家人的動向計劃也不能瞞著，因而我提出升等申請時，也同時
提出 1980 年 9 月起留職停薪一年的申請。羅絲看了資料，找我
去面談。她認為以我的資歷表現可以提出升等申請，但是接著
一年的留職停薪，顯示將來動向未定，問我能否暫時撤回升等
申請，讓館內另一名申請者在競爭全校名額時多一些機會，她
建議我的升等申請等到留職停薪銷假回來再提出。於是我撤回
申請，而我的升等夢就這樣被羅絲商量掉了。但是站在全館人

力資源管理者的角度，她這樣做是正確的。

在館內人事考核，尤其是對屬下績效評量方面，羅絲顯示的是她行事審慎的一面，有一年我的助理出缺，一時熱血響應消弭種族歧視，在幾位申請人選中挑了非裔的琳達。說起來這位小姐外型秀麗，面試時談吐得體，三封推薦信函中規中矩，大學讀了兩年，打字速度達標，真也挑不出什麼毛病。到職兩個月之後，漸漸地早上頻頻遲到。入夏之後，人人衣服單薄，琳達的肚子凸顯出來。到了秋天，大家想要假裝看不出她帶球跑都不行了。十一月她開始休一個半月的產假。上個世紀七零年代在保守的南方，婦女未婚能夠帶薪休產假，而且還是一位非裔職員！時至今日 21 世紀過去二十多年了，韓劇《無子無憂》還在描述女法官因未婚生子，不但辭了工作，偷偷摸摸生下的孩子還要推託成弟弟的孩子，阿州醫大在這一方面的思想，還真是驚人的先進。話說琳達銷假後，遲到的毛病未改，反倒加上常常早退。辦公室的隔間板牆上，別的職員多飾以家人的生活照、風景或花木的圖片來美化環境。琳達的隔間板牆上開始出現捏緊的大拳頭圖片，各式各樣反種族歧視的圖片和標語。令我更擔心的是，她工作時會恍神，交代的訂單延遲未發，帳目登錄的款項有誤。好幾次忍無可忍，為了不受干擾，也為了替她保留顏面，我把她帶離辦公區，在獨立的研究小間糾正她工作上的錯失。有一次她居然回我一句：「你歧視少數民族。」我按下胸中怒氣，平靜地對她說：「我從未歧視少數民族。第一，

我若懷有歧視，就不會僱用你。第二，比較之下，身為亞洲人的我，在美國才是真正的少數民族。」在糾正她工作缺失的同時，我也向羅絲報告了琳達的工作狀況。羅絲告訴我，平時考績若發覺屬下工作有缺失，不能籠統地用諸如「工作不認真」交代，而是要提出實際的佐證，例如何月何日遲到，遲到多久；延誤訂單，延誤多久，是否緊急採購等等的紀錄。若是受到負面考評的員工不服，向上申訴，需提出佐證的紀錄，加以說明。對待員工績效評量的認真和審慎，是我從羅絲館長習得的重要管理知能。歸國後也接觸過形形色色的圖書館館員考核表格，許多主管大多填寫「工作努力」、「具服務熱忱」等。每年每月考評語多浮泛，不易從中了解具體、客觀的館員工作表現。

羅絲還有一項令人敬佩的特質，除了圖書館的相關事物之外，她還很關心科技最新動態，尤其是關心生物醫學方面的人、事、最新發展。阿州醫大圖書館在一樓大廳迎面設置了兩張大書桌，前面一張大桌陳列著今日到館重要期刊，後面一張大桌子則陳列著到館三日內的期刊。在資訊傳播仰仗紙本載體的年代，期刊是極受重視的最新資訊來源。這兩張書桌當年可是整個圖書館最具吸睛效果的熱點。許多讀者大步邁進大門，便直奔此處翻閱最新期刊；若是多日未能到館光顧，便會繼續瀏覽第二張大桌上的期刊。館內同仁中，我只看見過羅絲在此流連。每週總有三兩次遇見她在翻閱新到科技期刊。

其實為了鼓勵館員掌握圖書館方面的新知，我們有一種專

門傳遞信息的方式。最新到館的重要圖書館學期刊，封面上會黏貼一張姓名表單，依次傳閱。接到期刊的館員會翻閱有興趣的訊息和文章，閱畢簽下姓名、日期再給下一位同仁。工作太忙又怕耽擱大家閱讀時，便會翻閱期刊的目次表，有重要相關的論文就印下來，趕快簽了名，把期刊傳出去。偶而看到與另一同仁相關的訊息或論文，會在他的名字下，批註頁次提醒他一讀。這種傳閱系統，只要館員能認真配合，確能有效地幫大家掌握圖書館界的最新發展與研究。

　　至於科技期刊能為圖書館員帶來哪些重要的訊息？我請教羅絲之後，自行摸索一段時間，發覺重要的綜合性科技期刊如 *Science* 和 *Nature*，含新聞訊息的期刊如 *American Scientist* 和 *Scientific American* 都值得翻閱目次表，看看最新的研究主題何在，大家關切的議題是什麼。這些期刊的社論（editorial）專欄都是由博學而文筆佳妙的科學家執筆，尤其值得細讀。那段時間，因創立 Science Citation Index 而對科技文獻評比影響深遠的賈非爾（Eugene Garfield）每週在 Current Contents 發表的社論十分精彩，時常分析科技研究新領域，甚至會評論科技論文寫作技巧，我讀後對揣摩醫圖讀者的資訊需求，更增信心。當時那些社論提及的一些新的名詞，如干擾素（interferon）、老年醫學（gerontology）、生態保育（ecological conservation）、環境保護（environmental protection），隨即就有相關主題的研究與報告出現在許多期刊上，喧騰不休。此外，醫學專業期刊

上的書評，與我的工作直接相關。放射學期刊會刊出與放射學
相關新出版的圖書評析，分子生物學期刊會刊出分子生物學新
出版的圖書評析。我讀了這些書評，摘錄要點與書評出處於小
卡片上，可供相關科系購書參考之用，這些書評比圖書館學專
業出版社提供的書評工具更新穎而貼合生物醫學主題。

羅絲的聰明幹練多是天生的，難以企及，但是她待人公平
公正，處事周延，且又求新求知不倦，類此的行事風格是可以
效法的。我視她若師若友，跟隨她的八年時間裡彷彿潛移默化
般受她影響，不知不覺地吸納了不少羅絲待人處事的作風。

當年阿州醫大圖書館職工陰盛陽衰，除了兩位跟我年齡差
不多的男性職員，其餘全是女性職員。圖書館的工作夥伴，在
稱謂上似乎是慣用年齡來區分。與我年齡相仿的直呼其名，以
示親切。比我年長的女士通常稱姓氏，前面加上「太太」，以示
尊敬。只有館長雖然比我年長近十歲，還是隨著大家直呼其名
羅絲。同仁之間，從未用過「館長」、「副館長」、「主任」的職
稱。倒是回國後圖書館內同仁、校內教職員工一致稱我「館長」
這個任誰都可的稱謂，名字反倒不是識別的關鍵。

艾玎娜

艾玎娜與我年紀相仿。我入館不久，她就擔任技術服務部
主任，成為我的頂頭上司，領導編目、期刊、圖書採訪三組。

公務上她勤勤懇懇，十分敬業。行政程序很熟練，遇到情況我總能得到她的幫助。至於醫學館藏發展，她所知不算深入，我還是要靠自己摸索。幾年下來，艾玎娜似乎對純行政工作興趣不大，正好阿州醫大圖書館要成立醫學史研究中心，她對地方文獻與人物向來用心，對這個新單位的興趣與信心十足。後來她就轉去建置醫學史研究中心，蒐集史料文物，建立與當地醫師、醫學會社的關係，做得有聲有色。她在圖書館工作了 35 年，於 2000 年退休時，除了阿州醫大校長等行政主管之外，還有許多當地醫師參與她的退休茶會，到場嘉賓達 150 人。可見這些年來，她的工作績效受到各方肯定。作為艾玎娜的朋友，我遺憾的是，那時正值學期末事務纏身，不能赴美見證她成就的輝煌，但是我為她高興，她終於可以周遊列國、蒔花弄草、泛舟健行、到教會當志工……，擺脫朝八晚五的束縛，過她嚮往的退休生活。

個人氣質風格上，艾玎娜溫柔有親和力，端莊不多話。跟常見的一些聒噪美國女人相比，艾玎娜頗有些中國婉約佳人的味道。我初識她時，她年方 30，短髮已泛灰白；我離開阿州醫大時，她全頭一片銀白，閃閃耀眼。耀眼的銀髮下，她面容細緻光潤，身材挺拔，還是窈窕淑女，真是有點奇怪的組合。

中國話裡提到酒肉朋友，總多貶意。我和艾玎娜從交往到結為好友，卻真是根源於吃喝。這一切還得從美式的「咖啡小憩」（coffee break）說起。那時科技設備都還原始，我的寶貝

電動打字機——IBM selectric 型——是當時最先進的打字設備，
辦公桌上擺上它和電話機，餘下辦公、書寫的空間無幾。館方
嚴禁同仁在案頭置放飲料，大約是怕飲料潑灑造成的文件、設
備損害。「咖啡小憩」時間 15 分鐘，上下午各一次。對於在辦
公室裡悶頭工作半個上午的我，咖啡時間可以離開工作崗位，
舒散身心，補充體力，很是必要。咖啡夥伴來來去去，多時達
四、五個人，只有我和艾玎娜堅持不懈。每天到了十點前後，
內線電話一呼一應，兩人走到流通櫃臺在外出表單簽了名字和
回館時間，便直奔員工餐廳。

　　在手機尚未問世的年代，像醫學圖書館這麼講求工作紀律
的單位，要掌握員工行蹤，只能仰仗我們簽到簽退，流通櫃臺
兼任總機人員才知道我們是否人在館內。

　　其實員工餐廳提供的點心和飲料種類有限。咖啡只有大眾
化的美式咖啡，顧客自己選用奶、糖，至於拿鐵、濃縮、卡布
奇諾……都不在選擇範圍之中。艾玎娜通常點一杯冰可樂，我
花二毫半美金買一杯咖啡，加上一個甜甜圈，兩人樂呵呵地邊
吃喝邊聊天。回到圖書館註銷外出簽名，再繼續上班。放風後
心情隨著補充的飲食很快地調適就緒，準備這一天的再接再厲。

　　細想「咖啡小憩」，它好處多多，還真是令人懷念的。首先，
它提供一個離開辦公室喘息的機會。不管我多熱愛這份工作，
還急切地想學習相關事物，有時幾件緊急採購，一通莫名其妙
的電話，或是一位刁難的訪客，就會弄得人疲憊不已或是心情

低落。這時艾玎娜呼喚我去小憩，簡直有些感激。第二個好處是身體上的活動舒展。因為小憩的時間有限，我們往返餐廳的途中雖不至於跑步，卻真的是快走。幸而醫院這邊醫護人員一向行色匆匆，我們放鬆心情在長廊的行列中快步穿梭，並不引人注目。每天兩趟上下一層樓梯大步快走，相信對健體強身不無小補。最後一點卻是很重要的一點是，小憩時間大家聊天聊家常，可以聯絡同事之間的感情。平素在辦公室裡，同事間的招呼不外「早安」、「你今天好嗎？」、「你今天真漂亮」……之類簡短的問候恭維話。「咖啡小憩」時間較長，身在餐廳四周笑語陣陣，我們聊得興起也不必忌憚擾人。這時的話題就廣泛了，從私人性質的家人狀況，像孩子上學、老公通過證照考試，聊到地方政黨活動，像卸任州長彭普（Dale Bumpers）進軍白宮的可能性。我們遷居小岩城時，中華民國剛退出聯合國不久，在國際政治舞台上正值風雨飄搖之際。於是季辛吉和尼克森訪華，中美關係發展都成為我們的討論話題。咖啡夥伴們表達對臺灣的熱切支持，對北京的疑懼，這些私底下的意見對 1978 年底中華民國與美國斷交，當然產生不了影響。但是她們不管是溫言開導，或慷慨激昂要寫信去國務院抗議，表達的慰藉其實都溫厚動人。

　　當然，「咖啡小憩」帶來的也並非全是好處。半年後我體重增加一磅半。算下來，若工作十年增重 30 磅，豈不是胖若兩人了？有此覺悟後，艾玎娜改喝無糖冷飲，我的甜甜圈改成了半

小包餅乾。

我跟艾玎娜的吃喝緣份還不止於咖啡時間。寶珞攜兒帶女返臺那一年，我將正餐從晚上調到中午。我會到餐廳點上一份主食肉品、沙拉、薯泥或米麵，飽餐一頓，晚餐則從簡。這一年多半是艾玎娜陪我用的午餐。現在年輕人之間流行兩句俏皮話：「上班好同事，下班不認識。」許多人並不把同事當成朋友，我覺得有些可惜。我跟艾玎娜的情誼維繫至今不輟，將近半個世紀。起初靠航空信件聯繫，互道工作情況，家人動向。艾玎娜時不時還會寄些照片、剪報來，告知小岩城朋友近況，何人換了工作、獲獎、退休之類的消息，現在則靠電子郵件互通音訊。

回國定居後，我多次赴美開會、參訪，而重返小岩城小住總是被我塞入行程。艾玎娜一旦獲知我確切的行程，便會邀我去住，並且攬下接機、送行的瑣事。艾玎娜自己不喝咖啡，但是每天早餐她總不忘先煮一杯咖啡給我，兩人才開始吃早餐。有空她會陪著我辦事，無暇便任我自行活動。想吃什麼兩人上館子或是從超市買來自己煮，費用平攤。與艾玎娜共處，單純而自在，所以我寧願婉拒華人朋友的邀約而去住她家。她不僅僅是工作夥伴，也修成了我一生的朋友。

喬治太太

　　喬治太太的名字叫柯蓮安，但是大家都喊她喬治太太。其實我交往的美國友人圈子不大，在認識她之前只知道男子名叫喬治的不少，不曉得喬治也可以是姓氏。她那時年近 50，已在出納流通部門擔任助理多年。當年圖書館的職員很多是醫學生或其他學系學生的配偶，為了家計而工作。丈夫畢業後，工作有了著落，通常小家庭立時開始新生活三步驟──妻子辭職、搬家、孕育兒女。單身的女孩也做不久，找到對象的會隨著丈夫遷移，沒有對象的女孩做一陣子也會另覓棲地。相形之下，喬治太太雖然學歷只到中學，比不上年輕職員的學歷，但是她工作穩定、可靠，在更迭如跑馬燈的助理隊伍中，年復一年卻能固守工作崗位，成為最年長且最資深的職員。

　　年長的喬治太太周圍圍著的都是玲瓏剔透的年輕女職員，可喬治太太也不是當擺設的，她頭一個專長是尋書，如有讀者在書庫找不到某書，便有流通組的助理入庫代尋。助理若再尋不到該書，便在書目卡上用鉛筆註記「下落不明」（missing）及日期，轉交喬治太太處理。三不五時就會看見她手持幾張卡片，穿梭於書庫區尋書。因為她非常熟悉書架的擺設及各樓層的死角，這時她會發揮出獵鷹般犀利目光，來回仔細搜尋圖書容易弄混的類號，書架頂層底層、研究小間……，不放過任何旮旯。別人找不到的失蹤圖書大約七、八成會被她找回歸架。

從館藏發展的角度看，喬治太太是有功績的，圖書經費可以更大程度地購入新書，不必重購許多隱藏於館內的舊書。整個尋書過程會在讀者提出要求的隔天重複一次，還找不到的書隔兩週再重複搜尋，仍找不到的書在一個月後做第三次搜尋。有三次尋書紀錄的書目卡會用墨印上「遺失」（lost）的字樣。同時通知編目組和圖書採購組作後續處理。尋書期間，讀者大多已透過館際互借，從鄰州取得用書。醫圖的讀者用起資料，一般的態度是不怕費錢，只怕費時，他們等不了兩個月的尋書和購書時間。

　　喬治太太除了熟悉館藏圖書，也熟知讀者。可能是長年固守流通櫃臺，周圍讀者川流不息。正是低頭不見抬頭見的環境給予她認識讀者的機會，她修煉到可以看著大廳裡的讀者，一一指出誰是生化系的教授，誰是小兒科的醫師……。喬治太太不但能辨認面孔，還能辨認手跡。我剛開始圖書館工作的時候，好幾次收到讀者留的便條，因為辨認不出讀者手跡名字，求助於她。喬治太太只需瞄一眼，立時便報出讀者姓名、隸屬單位。想到她每天經手數以百計的借書手續，這項特技便能解釋了。讀者借書要在櫃臺逗留幾十秒鐘，借書到期單上有他的簽名，加上面前讀者面貌、身形特徵、胸前佩戴的名牌……，只要有心，這些訊息即時就能串連起來，成為腦中的一套辨識系統。如此，細心的喬治太太久之就成了館內辨認讀者簽名、手跡的專家。因而她雖學歷不高，卻因為細心、可靠、努力，在講求

競爭力的醫學圖書館裡倒也存活下來。

　　和藹可親，廣結善緣的個性，也是喬治太太的長處。美國人大都客氣有禮，同事之間見面不忘「早安」、「午安」或「你好」問候一句。喬治太太在日常的笑容和問候之外，有機會總會多聊幾句，關切一番。我們午休有一小時，自己做的三明治午餐加水果，通常一刻鐘之內，便享用完畢。剩下的時間，各人便靠閱讀雜誌、散步、做手工等打發。有一年午休時間流行作起手工來，喬治太太擅長用鉤針編織，特別是迴旋串珠項鍊。她從代購材料到手把手地示範教學，真是不厭其煩。做起手工來，人手一盒細小的珠子，一邊編織，一邊聊天，午休時間就會過得很快。看到自己做好的項鍊，大家評比一下配色設計，小小成果竟令人感到相當滿足愉快。

　　十一月底感恩節到十二月底聖誕節之間，有些同事會做些特殊的食物放在休息室請大家吃，烘托出年底節慶同樂的氣氛。最常見的是一大盒洗淨切成條塊的西洋芹、紅蘿蔔、小黃瓜、青椒等蔬菜，旁邊是一大碗特調的可口沾醬。有特殊食物的日子，大家上洗手間的次數明顯增多，為的是勤快地走訪休息室。幾個人圍著大桌子，手拿一條芹菜或黃瓜，沾上一大片醬，咔滋咔滋地嚼著，心情也歡暢起來。這段時間，喬治太太常常貢獻出她拿手的花生脆糖（peanut brittles）。用玉米糖漿、花生、奶油做成的脆糖片，非常可口。我去國多年，口中吃著脆片，心中立時思念起家鄉的花生糖。這款花生脆糖像家鄉的

花生糖，看著有些土氣不及巧克力精緻討喜，吃到中午還有剩，喬治太太就將之打包給我存在冰箱，慢慢地吃盡鄉情。

瑪格麗特

　　她主持館際互借的業務。當時阿州醫大師生醫療工作與研究積極，資訊需求很多。阿州醫大雖是此州唯一的醫科大學，因學生人數不算多，規模上只能算是中型的醫科大學，圖書館的館藏資源也是中等規模。再說，阿州醫大獨處省會小岩城，與大學系統內眾多學院共處一地的醫學院相比，就少了牙醫學院、藥學院、獸醫學院、理學院、農學院等從旁支應需用的館藏資源。瑪格麗特積累多年的經驗，對鄰近各州醫學圖書館的館藏資源、特色、人員合作程度頗能掌控。她也能配合讀者的需求，取得互惠的免費印本，或是多付些手續費快速地取得印本。在館內遇見她時，多半是她拿著幾張館際合作申請單，匆忙地來去參考室查閱各種聯合目錄。工作上，她是一把好手。私底下，瑪格麗特一頭及肩的栗色頭髮，個子高挑，少言寡語，看起來性情比較清冷，有些孤傲。我與她公務上交集少，人家清冷，我自然跟著清冷，平日見到點個頭「嗨」一聲，保持禮貌而已。

　　上班大約半年後，某日在電梯中相遇，招呼之後相對無言。步出電梯時，瑪格麗特經過我身旁，忽然抬手在我頭上揉了一

把。她的動作突兀，我愣了一下，見她還面帶微笑，有些詭異，一時便覺百爪撓心，未及多想，立刻趕前一步舉手回摸她的頭頂。這下輪到瑪格麗特錯愕了，我則斂神定息大步走開。

　　自此之後，我對瑪格麗特就多留點兒神。莫說身體髮膚，受之父母，要好好愛護，便論頭為身體最高、最重要的部位，不是任人隨便可以觸碰的。幼時只有爹娘或很親的長輩會摸摸頭，以示親密愛寵。西方的身體語言亦十分類似，父母摸子女的頭也是表示親密。除此之外，摸頭的舉動實不多見。見過歐式足球隊員射球進分後，隊友跑來搓揉得分隊員的頭，那是歡喜、慶賀。情侶之間揉亂頭髮，那是嬉鬧、親愛。瑪格麗特平日與我不親，為什麼揉搓我的頭？既然一時弄不清原委，只要她動手，我摸回去就是了。後來，她仍然又試了幾次，次次我都踮起腳，跳起來回敬她一下。我那時身高 163 公分，算是中等身材，但是瑪格麗特比我高 3 至 4 公分，她仗著身高，很容易摸到我的頭，我可要快速地跳起來，才能在她走開之前搆到她的頭頂。這個小鬧劇持續一陣之後，有一次又是我倆狹路相逢，她開口問我：「都說中國人性子溫良能忍，有神祕莫測的表情，喜怒不形於色，你怎麼不是那樣呢？」原來她在試探我是否懼從白人至上主義。我聽了覺得可氣可笑，我說：「你弄錯了，我受現代教育長大，在美國也受了多年西方教育，思路與你是一樣的。別人敬我，我會回敬，反之亦然。我絕不會喜怒不形於外的。」言語交鋒之後，她明白我不會忍氣吞聲，從此停止

了騷擾的動作。

久之，見我工作認真，又能融入同儕團體，瑪格麗特漸漸摒除她對華人的刻板印象與偏見，竟主動與我親近起來。她大學雙主修微生物學與教育學，是與我同時去攻讀圖書館學碩士課程的同事之一。小岩城進修學位五人之中，我最早完成學業，取得學位。我離美之前，已經有兩位放棄繼續攻讀學位，畢竟全職工作外加週末的課程、暑期的密集課程，壓力非比尋常。我想擺脫單身，如期與家人團聚，較起勁來讀書，勤學苦練的態勢若不能感人，至少可以唬住人。瑪格麗特見我孜孜向學，羨慕不已。

每次回小岩城，艾玎娜通知老同事相聚，瑪格麗特都抽空參加聚會，笑語家常。想當初屢啟釁端的她，簡直少不更事，不過我自己何嘗不是血氣方剛，不肯服輸。兩人交手較量情景，彷彿如昨。

其他的夥伴

參考組的莎莉一直都是耐心微笑地服務讀者。記得當時她便有相當福泰的體型，自己說喝水都會胖。外出開會過夜，曾與她共處一室，到半夜身子感到寒冷凍醒。一看溫度計，居然調到攝氏二十三度，急忙調到攝氏二十八度，不到一刻鐘，莎莉熱醒過來，也是趕忙查看溫度計，她一邊抱怨太熱，無法入

眠，一邊將室溫調回攝氏二十三度。我除了找出被子蓋上，也徹底明白下次過夜要先覓好體型相近的室友。

　　負責期刊組的珍安，中等個兒，金髮碧眼，身材窈窕，是類似畫刊上的西方美女。平日忙進忙出，大都是督促助理登錄現刊，運送現刊去閱覽室，點收送出或收到的裝訂期刊等。工作上與她最重要的交集，便是每年跟期刊組一同爭取經費。那時醫學圖書館的經費大餅，總是先顧著期刊的開支。為了多爭取一些圖書採購經費，每每要卯足了勁，根據前一年的統計，提出長期訂購圖書、更新版次圖書、專業學會與大學出版新書等預估數量、金額，嘗試多方說服羅絲與其他行政主管。若說爭取圖書館採購經費仿如虎口奪食，似嫌誇張，但這件事確令人神思忐忑、緊張，因為它關係到下一年全年的工作計畫。經費分配定奪後，緊張立刻解除，珍安和我又能笑顏相對。那年到田納西州唸八週暑期密集課程時，我一方面課業沉重，另一方面掛念寶珞單獨帶著兒女在臺生活，壓力很大。珍安多次寄來超大型卡片和零食給我鼓舞士氣。我返工那天，只見辦公室內結綵處處，寫著歡迎回家。單是想到珍安工餘用花花綠綠的書皮加上整卷的衛生紙，努力製作這些彩帶，這番心意還是感人的。後來她醉心環境保護，有一年我短期探訪小岩城，與大家相約去阿州醫大餐廳喝咖啡。珍安見我用了一只紙杯，回程一路念叨我不環保，沒有借用圖書館的馬克杯。這件小事在我記憶中一直縈繞不去，如今出門我隨身不忘保溫瓶，要歸功珍

安當年的環保叮囑。

　　珍納是期刊組助理，平日碰面機會多，招呼之外總有幾句寒暄。我上暑期密集課程時，她也去選了一門課。她上課那四週，幾乎每天中午準時提一紙袋麥當勞套餐到圖書館門口等我。我吃著漢堡，看珍納用碎屑餵草地上奔來乞食的小松鼠，閒聽她轉播身邊瑣事、課間雜聞。餐畢，我揮手再見，一頭又鑽回圖書館去寫作業；她則漫步回宿舍。珍納的體貼和默默支持，給我增添不少信心。也許就是這段往事，讓我保有對麥當勞一份美好的憧憬。現在我已到髮蒼蒼，步履緩緩的年紀，仍不時躋身年輕人的行列，泡在熱鬧的麥當勞店中，因為吃著漢堡會令人重溫記憶裡的溫情。

　　回想起來，當年共事的夥伴歷歷在目。大家工作敬業，接待讀者熱誠有禮。在羅絲的耳提面命之下，都能做到謙和的樣貌。整體而言，讀者服務部門的同事大多口齒伶俐、熱誠且活動力強，重視扮相的居多。技術服務部門的同事比較沉靜內向，自成一國，安於程序陳法。不過這些都是上班時的表象，下班之後各顯神通的眾生相就說不準了。前面提到的期刊組助理珍納，有時候她跟丈夫會利用週末或休假，駕車到鄰州參加舊車碰撞賽，這種成年人玩的碰碰車比賽，聽起來都叫人害怕。期刊組還有一位單身的安，她長得甜美，身材窈窕，一時興起，下班後去學了肚皮舞，置辦了全套行頭，出師後時常應邀去表演肚皮舞。週一早上會面，人人看來道貌端肅，她們若不開口

交代，別人絕看不出來上個週末有人急流泛舟、有人碰撞撞爛
了一輛車，還有人表演了一場肚皮舞。

　　當年在圖書館工作的專業館員雖然沒能符合魏爾期許的所
有特質，或許那時也尚未練就十八般武藝，但是我們大多年齡
相仿，都在 30 上下，精力旺盛，學習力強，各自運用自身的知
識能力尋取訊息及學習解決問題。最幸運的是，這群夥伴大都
是正直良善的人，相處久了居然華洋融合，能結交為友為伴，
這是我久居南隅的一大收穫。

七、從採購到館藏發展
──採訪專業的養成

我在阿州醫大圖書館工作足有八年七個月，數一數日子竟有 3,160 天。華人每每感慨事務費時長久，就會想到抗日戰爭耗時八年。我滯留在小岩城的時間，一個漫長的抗日戰爭都打完了。這段時間我進去的時候是採訪館員，我離職的時候還是採訪館員。那時不少館員從就聘到退休都做同一份工作，像珍安到退休都是期刊館員，莎莉到退休時仍是參考館員。

我在職期間技術服務部主任出缺一次，但是館內採訪、期刊和編目三組的館員對此都興趣缺缺，無人應徵這份工作。大家覺得技術服務部主任完全是行政工作，不如原來的工作有趣，後來是外聘新人擔任主任。館員重視的實惠有二，其一是每年薪資上調的百分比。上調百分比一方面要取決於學校經費多寡，另一方面要看個人前一年工作績效。學校經費多寡是美國經濟決定的，我們使不上力。工作績效除了日常被行政主管暗地考核之外，年度報告（Annual Report）便是自己可以著力的佐證。年度報告除了例行業務報告之外，還可列出參與的會議、主持的研討會、學習的課程與獲得的學分，或是繼續教育時數（Continuing Education Unit，簡稱 CEU）等資料。這份年

度報告可能決定明年能否添置新衣新鞋，大家都寫得用心。館員關心的實惠之二是升等。阿州醫大的專業館員是以比照教師的職等聘任。我以講師資格獲聘，滿三年後以年資與績效升到助理教授。升等是全校性的競爭與核定，名額有限。職等不同，薪水差別頗大。因此爭取機會升等是一眾共同目標。

加薪與升等是明面上的兩根胡蘿蔔，鼓勵館員努力工作，積極學習提升服務。實際上，阿州醫大與圖書館提供的一些有形的、無形的環境，才是誘導及促使館員致力於業務推展，奮發學習新知的原因。新館提供了足夠的人力與舒適、便利的工作場域。為了鼓勵館員維持專業知能，圖書館訂購了一些圖書館學專業期刊，讓館員隨時抽空可以閱讀。學校提供經費與時間讓館員可以輪流出席地區性和全國性會議，修習繼續教育課程並與其他醫學圖書館聯絡溝通。這些措施對激勵館員士氣，努力工作之外，不忘學習新知，影響很大。

圖書館工作期間，職等上我由講師熬到助理教授，職銜上一直是採訪館員。看起來，這些年我做的是同一份工作，實際上這段期間我經歷的變動還頗大。首先，工作內容的變化就很大。採訪業務由單純的選擇與採購漸次演變成重視館藏整體規劃，除了選擇與採購之外，開始注意到館藏評量、維護與淘汰等新的議題。採訪業務幾年之間演變成為館藏發展。我離開美國之前，有些招聘館藏發展館員的廣告已經出現在圖書館專業期刊上，印證了館藏發展取代採訪的時勢趨向。再說，個人專

業歷練上，這也是我由懵懂無知的外行人，逐漸學習、成長，蛻變到喜愛上這份工作與圖書館學這門專業。在這段專業養成的過程中，我對有些事物的認知和習練，印象頗深，這也影響關係到後來個人的觀點與專業發展，值得一記。

我的工作場域

自從遷入新館，我的辦公室便融回技術服務部，自人前隱於幕後。倒是符合當時圖書館流行的二分法，讀者服務在人前，以便讀者隨時問詢；技術服務在人後，從事供應支援工作。

技術服務部位於圖書館二樓北側，辦公區是一大通間，以一人高的屏風隔成各組及各人的辦公室。有一條連貫部門入口與休息室的主要通道將辦公區再一劃為南、北兩部分。

我負責的單位稱作「採訪組」（Acquisitions Department），是技術服務部最小的單位。通常我身邊只有兩位助理，我跟助理的辦公室緊鄰著，兩名助理的辦公室連著一間儲物室。我的辦公室另一側是技術服務部主任的辦公室。這四間工作空間都在主要通道的北側，約占整個辦公區 1/4 的面積。

走道南側是期刊組與編目組的地盤。這兩組人員多，物資與設備亦多，日常工作需用的空間頗大。期刊組光是現刊部分，每日收到數逾千種的期刊，員工趕著點收、登錄、排序、運出上架，工作空間不能少。編目組的工具書林林總總，品目繁多，

陳列的空間不能少；而且待編的圖書總是積聚堆滿書架，然後一直滿溢到書車變成書架，存置資料的空間需求特別明顯。順理成章地這兩組占了辦公區的大部分空間。

我在阿州醫大圖書館工作期間，還是人工作業時代，比起現代辦公結合了電腦網路強大功能，技術服務部的館員可以足不出辦公室地完成工作，差別甚大。就以接到推薦單之後第一步的書目資料驗證工作為例，我們要先核對手邊最新的 Books in Print 及 Forthcoming Books，若仍有疑問便要到一樓大廳參考區，利用更完整的工具書繼續核對書目資料。待獲得正確的書目資料，接著要到一樓後側的公用目錄區去查閱目錄卡片，確認館藏是否已有這項資料，或是否正在訂購之中。醫學圖書館工作重時效，書目核對工作是接單便做，因而我們經常輪流離開二樓辦公區，到一樓工作。那時採購組的工作場域實在不限於技術服務部辦公室之內。

說到辦公室，我那用屏風隔開的辦公空間，配色柔和，家具新穎，每日有清潔人員收拾打理得一塵不染，舒適得很。當年這是十分先進時髦的辦公空間規劃，館方原是期待當時正在美國國家醫學圖書館及一些先進的醫學大學圖書館萌芽發展的整合式圖書館管理系統（Integrated Library System），能迅速推展，故而預先規劃可以配合系統的空間格局與結構。但是這個辦公空間與我想像中的辦公室（office）有些差別。它只能算是一個半獨立半開放的空間。前往休息室的同事，伸頭進來「嗨」

一聲招呼是常有的事。我要找上司或下屬，都不用起身，喊一下「艾玎娜」或是「南茜」就行了，隔空討論也確是方便。

　　還有，那時是前手機時代，我與寶珞臨時有事聯絡，一開始說電話，往往整個技術服務部的同事都安靜下來，豎起耳朵聽。後來他們說學了多年中文的結果，是只聽懂了我的結束語"Ok, bye bye"。稍能彌補這辦公空間私密性不足的是──我幸運地有半扇大窗，在整面紅磚牆上，我跟技術服務部主任分享辦公區北面唯一的一扇大窗。那時醫大北邊沒有高樓，我一眼望出可看到馬可漢大街附近，綠樹掩映間一幢幢民居小宅院。不管是心情鬱悶或眼睛酸澀，只要看看這寧靜的街景，一會兒便覺得精神煥發，豁然開朗。難怪有人說辦公室最大的福利是「窗外有藍天」！

　　在全館包括辦公室都禁止飲食的戒嚴狀態下，技術服務部門辦公室因為緊鄰工作人員休息室，有近水樓臺的好處；我們隨時可以步入休息室喝飲料。休息室裡面有洗手間；外間茶水區有冰箱、微波爐等簡單廚具；休息區有長短沙發、桌椅，可以在此用餐或咖啡小憩。每每逢到有好廚藝的同事拿著可口的點心到休息室擺放，技術服務組的人員不需電話通知，都是聽著人聲、笑聲，聞著食物香氣，直接赴會。

　　提供一個功能完備的休息室，對工作人員是一項重要福利設施，館員在此得以舒緩身心壓力，促進彼此情感交流，從而提升士氣，增加工作效率。這項設施好好管理利用，對圖書館

也能帶來互利雙贏的效果。

採訪與採購

　　英文"Acquisitions"一詞，國內圖書館界早先多譯成「採購」。其實，這一名詞就字義而論，泛指為建立館藏的全部獲取過程，並不限於購買而已。中文的蒐集、採訪更貼近英文字義。我接採訪組工作之初，薛爾慈太太匆匆交代的，確實是採購工作；書目核對、訂單發送、驗收、帳目記錄等項作業，我都一一實作，體驗過的。當時我覺得這組工作算是簡單輕鬆，為自己的好運暗自竊喜一番。

　　待我工作一段時日之後，我逐漸體認到採購雖是我這一組重要的工作，購買只是我們建構館藏的重要途徑之一。交換與贈送是許多圖書館建構館藏的另外兩種輔助性途徑。阿州醫大圖書館本身沒有出版品，醫大的出版品亦不多，一些簡訊刊物出刊後交付期刊組，按著交換名單寄往同儕醫學圖書館。實際上，阿州醫大圖書館的資料交換工作僅限於期刊交換。

　　圖書方面，採購之外的蒐集是透過「贈送」而得，為數甚少，贈送而得的圖書少，並不是缺少來源。我多次遇到教師因搬遷他州，打算捐出用不著的圖書；或是教師退休，想要捐出個人全部圖書蒐藏；或是家中長輩息勞歸天，子女意圖捐出其私人圖書室。這些捐出的蒐藏往往數以百計。館方處理的態度

十分審慎保守。由於我們對館藏一向強調的是新穎合用，而非數量，通常只要釐清待捐圖書的出版時間，就能決定它們的去留。受贈的圖書出版時間多在 5 年以上，30 年以下。這段時間出版的圖書，若符合蒐藏主題，館內多半已有較新版次的書；再者，這些圖書出版時間並未久遠到百年以上，沉澱成為值得蒐集的醫學經典。阿州醫大圖書館位於小岩城市區，館舍空間有限，積攢過時、罕用圖書並非館藏目標之一。於是類此過時、老舊的圖書捐贈，我只能很有禮貌地但堅決地婉拒。

比較有用的受贈資料是我們主動去函索取的圖書。醫學相關的學會、研究機構、團體，甚至藥廠出版的圖書是我關注的對象，需要平日靈敏地掌握捐贈訊息。一旦獲知有符合蒐藏的捐贈圖書消息，須立即行動，主動索取。因為贈書的印製通常數量不大，動作慢了只能向隅。

另外一種捐贈更是受惠直接，而且方便好用，那便是捐贈金錢，圖書館可自行購入中意的圖書。不過阿州醫大用的是州政府資源，一般民眾很少會想到慷慨解囊捐款讓圖書館買書。

為圖書館取得圖書建構館藏的途徑不限於採購一種方式。或許因此，美國圖書館界慣用 "Acquisitions Librarian"，以採訪一字的複數形式去指稱採訪館員。我曾聽圖書館界前輩特意提醒，用於採訪組時，亦要用複數形式，如 "Acquisitions Department"。這種用法與向來使用名詞的單數形式去形容另一名詞卻是不同，例如 "door knob"（門把手）、"child care"

（兒童保育），都是英文常見的用法。

「讀者為尊」式選擇

　　採購圖書的代理商早經圖書館擇定為梅卓士公司（J.A.Majors Co.），而採購業務也已常規化，從書目核對、訂單寄發、帳目登錄到驗收，幾乎每項作業都有軌有跡，依循著常規去做便可。相對採訪的其他業務，採購工作短時間習練後，便可披掛上陣去應對。至於決定採購哪些圖書，則屬於選擇的工作範圍。有關選擇的種種原則和理論、選擇的實務歷練，實難一蹴可及，都需長時間的努力學習有以致之。

　　在選購新書的這個環節，一開始我便認同館長羅絲的口頭禪「讀者為尊」，信賴讀者的學養與判斷，依據他們選擇推薦的圖書去採購。這是因為我服務的圖書館特殊屬性所致。阿州醫大圖書館一方面是大學圖書館，另一方面它又兼具專門圖書館屬性。在圖書蒐藏方面，它充分凸顯了專門圖書館的特色，它蒐藏的主題僅限於生物醫學及相關的學科資料。我在這裡，以往風花雪月詩文小說的閱讀經驗完全派不上用場；連我涉獵頗有心得的古人類源始和原始部落生存奮鬥之類的圖書也一無用處。我的學科背景派不上用處；熟悉且能評估生物醫學圖書文獻價值的是讀者。我自忖尚需時間去掌握使用者的閱讀需求，熟識現有藏書結構與特色，與了解生物醫學的出版情況，此時

信賴學養專精的讀者，讓他們推薦圖書去採購是穩妥且立即可行的辦法。

選購新書以「讀者為尊」的策略實行起來一開始並不順利，因為美國醫科大學裡，教師、研究員是屬於高薪、高階、高壓力的高字一族，若是論短缺，他們什麼都不缺，就是時間短缺不夠用。他們日常投注於教研工作的時間都嫌不足，主動向圖書館推薦購書的，確是為數不多。我初來乍到，正逢 1970 年代初期美國經濟還是一片榮景，連帶著我們的購書經費也十分充裕。每每結算看著低低的訂購預留款項和高高的經費餘額，心中感嘆經費太多也不是好事，我為了手中大把美金花不出去而犯愁不已。

守株待兔地等候，顯然等不來足夠的推薦書單，蒐藏圖書的工作需要主動出擊。當年還是紙本傳媒世界，每天我總是收到出版商寄來數量龐大、形形色色的書訊。有印成冊的年度目錄，每季或每月的新書目錄。更多的是特為單本新書或幾本新書的介紹單（blurbs）。這些簡介雖是出版商的宣傳廣告，但是列出的資料相當豐富。例如作者姓名之外，還有他現在工作的機構、簡歷，包括曾領導或參與的重要研究、其他的相關著作、並附新書中的插圖、章節樣本。簡介多以銅板紙彩色印刷，精緻美觀，展現出版商重點行銷的心意。這些色彩繽紛的宣傳簡介常被館員當作擾人的垃圾，卻成了我的免費利器。每隔兩、三天，我會將尚未購入的新書宣傳簡介，依其屬性傳送給相關

的教師，若是找不到特定的教師，便寄給系主任，懇請抽空審閱並表達是否符合該系教研需要。獲得教師簽名同意的宣傳簡介便成為推薦書單的依據。十天半個月沒有回音的教師或系主任，便由我電話去問候關切一番。如此這般，教師推薦購書的情勢明顯地改善，很快我就混得個「臉熟」，而且取得教師選購圖書的數量明顯增多。校內許多單位對採訪組留下印象，教師問詢新書出版情況也會找到"Ellen Liu"（那時期我用的英文名字）。現在想想，採訪組得以順利地發展與教師合作的關係，出版商快速印製的宣傳簡介實在是一項便利的工具，功不可沒。

一頭扎進選擇

採購程序和業務常規化，容易入手。上班之初我便能掌握採購的工作。那時，對於如何系統性地建構一個符合醫學教育目標與讀者需求的圖書館藏，卻沒有深切的認知。但是，我很快便體會到僅靠教師、醫師、專家的推薦單，遠遠不足以完善地建構圖書館藏；若按著推薦份額推估，年度預算也消化不了。身為館員選擇工作確是無可推卸。蒐訪與選擇合適的圖書，進而建構一個符合讀者需求的醫學圖書館藏，涉及的理論與實務紛繁。在修習圖書館學課程之前，我決定由選擇實務開始勤奮自學。幸而阿州醫大圖書館對館員的專業成長十分重視，訂購了許多圖書館學期刊，及時地提供豐富的學習資源。其中我獲

益最多的是 Bulletin of the Medical Library Association（以下簡稱 BMLA），這裡發表的文章是理論與實務並重，而且針對醫學圖書館的情況，我可以立即應用得上。例如 BMLA 刊登的布蘭登核心書目（Brandon List），他針對中小型醫學圖書館經由學科專家與資深醫學圖書館館員評選出最具權威性的現行書刊，作為核心基礎館藏。選列的圖書按敏感、麻醉、生化等學科名稱的英文字母排序，在書目資料之外還標明價格。1971 年的選目包含圖書 389 種；1973 年選目含圖書 410 種，時價美金 12,000 元。這份書目對於剛開始摸索著選購圖書的我，不啻一場及時雨，振奮不已。一一核對之下，不少經典權威性圖書已在館內，布蘭登的選目用來補遺，正可彌補某些學科圖書不足之處。核心書目指出各學科重要的圖書，不但嘉惠了我這初入行的人，對於美國醫學圖書館界，甚至關心生物醫學教育的學科專家，也影響深遠。布蘭登核心書目後來陸續引得內科學、藥學、護理學等學科專家討論各自的基礎圖書，他的努力甚至影響到美國之外的醫學圖書館，得到國際認同。Dorothy R. Hill 加入編選工作後，核心書目冠上兩人姓氏成為 Brandon/Hill 核心書目。2001 年時，該書目已印行 36 年，修訂版次 19 版，選目上的圖書由最初 1965 年的 358 種增至 630 種，盛行不衰。[1]

---

[1] Dorothy R. Hill and Henry N. Stickell ,*Brandon/Hill Selected List of Print Books and Journals for the Small Medical Library* , Bulletin of the Medical Library Association 89, no.2 (Apr. 2001): 131-153

　　布蘭登為我開啟了核心書目的一道門，我繼續搜尋，取得英國圖書館學會醫學部門編選的醫學圖書與期刊選目，加拿大安大略省醫學會印行的醫學圖書館與期刊選目用以選擇補充館藏圖書。此後，我搜尋醫學相關專科核心書目，陸續取用了內科學、護理學與醫學管理等方面的專科圖書選目。

　　核心書目和標準書目，都是學者專家根據他們專業知識與經驗精選彙整而成。因為有學科專家的保證，用這些書目來選書自然十分安穩。直接使用這些書目選書，第一次帶來的驚喜最大，可以採購的圖書最多。之後再用同一書目，效果大減，因為新版核心書目新增圖書不算多。但是仔細研讀這些書目後，我卻另有收穫。原本書目資料不外乎著者、題名、出版者、出版日期、版次等訊息，看起來是例行性地平淡、枯燥。我耐心地仔細比對幾種不同的核心書目，或是研讀前後不同年份、版次的同一書目，逐漸辨識出每一學科、每一主題中受到專家肯定的基礎圖書、著者，甚至主要的出版者。這些資訊對我日後從每年出版的醫學新書中辨認品質較優者，相當有助益。

　　研讀書目與核對館藏之際，我除了補充學科圖書，填補主題間隙之外，漸漸地也領悟一些選書之道。友館寄來的新書目錄與出版商寄來的各式書訊，這時都成為我瀏覽的讀物。我會先挑出更新版次的圖書，核對館藏，只要館內有此書的舊版，一律下訂新版圖書。因為若是那書曾被推薦或曾被評選入藏，採購組便應提供最新版次及其中最新、最正確的訊息。

新書書訊與館藏目錄比對時，若是發現新書為套書的一部分，都是可以立刻訂購的。例如 *Handbook of Physiology* 出版時，依部（section）組織文獻，其下再分卷（volume）印行。每卷新書出版時，作者與卷名都不同，但都是組成此一手冊套書的一部分。為了提供這套手冊完整的訊息，新的一卷便要立即購買。

各學科知名的學者專家有新作問世，若館藏目錄顯示已蒐集多種此一學者的著作，核對的新書屬於同一領域時，便應購入新書提供讀者最新資訊。這些都是初試選擇工作的簡易抉擇。

啃書評的日子

大約經過兩、三個月的熬煉，我由教研人員的推薦書單，逐漸摸索到美國國家醫學圖書館的最新目錄，各醫學大學圖書館新書通報，各種醫學核心書目，學會細讀這些常見的出版訊息與工具來進行選擇工作。這時採訪業務漸次上手，我的圖書館員生涯算是穩定下來。試用期滿，羅絲和其他負責督導的行政主管對我的工作表現給予的肯定，讓我暫時安下心來。原本到圖書館求職，就是為了一家生計多份保障。那時剛結束漫長的求學生涯，國內沒有打聽到適合寶珞的工作，我們羈旅阿美利加卻不知會不會演變成第一代華僑。小家庭既無積蓄，又無親人支助，除了自立自強也別無他法。保有採訪館員一職，達

成這個起初的目標，似乎難度不大，而家人的物質生活確實多了些基本保障。我們的房貸攤到兩份薪水上，日子就過得滋潤些。休閒娛樂活動可以增多。週末，一對小兒女聽到可以外食，毫不挑剔，不管是去中餐廳「金龍」，還是西餐廳「紅龍蝦」，都能一蹦老高，具象地詮釋出雀躍不已。看到孩子們歡樂的模樣，我立時覺得平日辦公室跟家裡兩頭忙得值了。

　　工作穩定下來，心境也安定下來。我開始琢磨另闢蹊徑學習選擇圖書。核心書目雖是初練選書的好工具，但是醫學核心書目少，每種書目涵蓋圖書數量不過數百，不似一般大學的基礎書目收錄圖書動輒數萬種。醫學核心書目即使輪替使用，選得的圖書數量離充實館藏的要求，仍有一大段距離。

　　研讀書目之後，我挑了書評來苦讀。

　　說到書評，有些人小看了它，以為書評跟學生時期寫的讀書報告一樣。其實書評是很重要的一種新興文體。在圖書商品化，大量生產之後，喜愛購藏與閱讀的人在茫茫書海中尋尋覓覓，容易迷失方向。為了幫助人們快速地尋得他們有興趣，而且值得閱讀的新書，書評便應運而生。它是一種針對新出版的書籍簡潔地介紹、分析、評議的文章，因而書評漸漸發展為品書、評書的選擇工具。書評的功能廣得愛書人的肯定，並且深受圖書館採訪館員的倚重。

　　一般大學與公共圖書館的採訪館員慣常用的選書刊物像 *Library Journal*、*American Libraries*、*Publishers Weekly*、*Booklist*

與《紐約時報書評》，我也會按期翻閱。說翻閱是因為這些刊物登載的書評所評析的新書，與我服務的醫學圖書館蒐藏主題關聯性極低。偶而才會看到一本新的參考書或者一本名人傳記適合入藏。報紙、圖書館學與出版產業的書評對我的選擇工作助益不大，匆匆瀏覽翻閱為的是不致遺漏應該蒐藏的新書，真正對我的選書有直接而立即影響的是醫學專業書評。

至於我讀醫學書評以苦字形容，則是反映實情。首先我每天有固定的業務要處理，有助理的工作要督導，讀書評得抓緊處理業務的空檔。那時許多一般性的權威醫學期刊，像 *JAMA*、*New England Journal of Medicine*、*Lancet* 都闢有書評專欄，介紹一般性的醫學新書，各專科醫學期刊也常勻出篇幅來刊登書評，評論本科新書。這些醫學期刊篇幅珍貴，能撥出刊登的書評不多，每期大多容納一至三則書評。讀現刊上的書評可以獲得較新的訊息，翻閱現刊上的書評自是首選。但是要到一樓大廳，站在「三日內現刊陳列桌」旁才能取用新到館的期刊。這些現刊是絕對禁止移往他處的，因為全校師生得空都到這裡來汲取新知。說不定你身邊站著的讀者就在暗暗地瞄著盯著你手上的刊物，心中琢磨著幾時輪到他看。書評正讀得起勁時可能助理會跑來招呼我回辦公室。這樣以零碎的時間趕讀書評，一邊看一邊將要點摘記在小卡片上，我講求的是速度和效率，真顧不上讀書評的雅趣。

其次，讀醫學書評會嚐出苦味，是因為這些書評相較於其

他種類的書評，讀來感到嚴肅而刻板。期望讀醫學書評會像聽蔣勳評析《紅樓夢》一般，有諸般妙趣橫生的收穫，當然是不切實際的。可是即使是為一般愛書人而寫的書評，像《紐約時報書評》評論起新出版的小說，賞析其中人物的塑造，情節的安排，故事的意涵，寫作的技巧等等，都能說得頭頭是道，引人入勝。《紐約時報書評》敘評紀實文學或稱非小說類圖書，更是旁徵博引將已出版的同類圖書捎帶講評一番，至於被評圖書的創意、影響、語文等，都會論及。這些撰寫書評者不但是鑽研某類圖書的行家，熟稔被評類型文學，本身還多是散文高手，習於撰寫書評，寫出的書評論理清晰、詞文精緻，頗能達到闡釋、激勵，甚至行銷閱讀的效果。因此，《紐約時報書評》不僅可以提供具有公信力的書評書單作為挑選新書的參考，閱讀的過程也是一種學習，一種享受。

　　醫學書評是學術性的專業書評，奉行言簡意賅，評論切實。英文醫學期刊的頁面常劃分左右兩個直欄。醫學書評通常都很簡短，有人研究過四種一般醫學期刊，分析半年時間裡發表的480 篇書評，發現書評平均每篇 389 字。[2]這種篇幅只能言簡意賅，不像《紐約時報書評》，每週日專刊都是厚厚一疊，篇幅足供許多書評者揮灑千字。醫學書評除了通報某一學科最新出版的圖書之外，評析自是由該學科的同儕專業人員來執行。評論

---

[2] Kroenke, Kurt, *Book Reviews in Medical Journals*, Bull. Med. Libr. Assoc. 74(1):1-5, Jan. 1986.

的重點多在內容，主題是什麼、是否完整、是否正確、組織架構如何，有時會與已出版的著作稍做比較。至於文體，評論重點多在文詞是否清楚明確、可讀性如何。諸如「本書為文清晰、簡潔，組織良好。」通常一句話便交代過去了。但是許多醫學書評會指出此書針對的讀者，如本書適合專科醫師、一般醫師、醫科學生、護理人員，或是普通民眾。

正面書評當然占了大多數，因為期刊的編輯早已在收到待評的新書中仔細挑選過，而醫學專家都很忙，誰都不願花時間去細讀一本不怎麼好的新書，遑論還要寫書評。當然書評中也會指出一些缺失，例如某部分討論不夠完整、圖表不夠清晰、語文晦澀難解……，總之是瑕不掩瑜，讚許部分居多。我看這些書評猶如新書被蒐集入館的許可證明，只要學科專家肯定它的學術價值與貢獻，便值得去訂購。讀書評遇到報導式、論述式、摘要式的文字都無礙，客觀性的評論當然深受歡迎，只有遇到主觀性強的批評就要自己多思考，多求證了。

醫學書評於我選書助益極大，它正好填補了我專業知識不足的缺口，成為我在廣大的醫學圖書市場上搜尋與購買的引導工具。1980 年代，美國每年出版的醫學圖書約 3,000 種，大約只有 60% 的新書會被書評青睞。[3] 這麼多的新書未被評析，未受到應有的重視實在可惜。願意寫書評的醫科學者不多，大家

---

[3] 同註 2

都埋首致力於研究與撰寫學術性論文。有朝一日大學的學術成果評量若能將書評納入學術性著作，撰寫學術性書評的意願才可能會增強。

TBRI 與鞋盒子

　　儘管我努力翻閱現刊上登載的書評，但到底能看到的書評有限，而圖書館訂閱的兩千多種期刊也未能涵蓋所有的醫學書評，閱讀現刊上的書評來選書還是不夠妥善。幸而我從館員傳閱的圖書館專業期刊中發現了「科技性圖書書評索引」（Technical Book Review Index，簡稱 TBRI），這本索引不久就成了我專用的工具書。

　　TBRI 雖然名稱僅列出「科技性」一詞，它登錄的書評除了科技類同時涵蓋了科學、生命科學、醫學與農學，主題非常切合醫學採訪人員的需求。這本索引小小一冊，每月一期 40 頁左右，七月跟八月貼心地停刊兩個月，因為許多學校放暑假，許多圖書館館員趁便休假，費勁出刊也沒有人用。TBRI 收錄的書評項目按被評書籍作者姓氏排序，列出完整的書目資料，還包含該書的頁數和時價，書目之下便刊出書評的期刊名稱、卷期、頁次、日期、書評篇幅、書評節錄、最後附上書評者姓名。這些訊息中，書評篇幅多以欄（column，簡稱 col.）來表示，如 1/2 欄、1 又 1/3 欄，原刊頁面不分直立欄位的，則以頁數表示

篇幅，如 4/5 頁，當然書評篇幅長通常討論較詳盡，或許顯示對被評之書也比較重視。TBRI 名為索引，卻將原書評節錄在每項書目之後。編輯不曾改寫，而是將原書評緊要的部分直接放在引號裡，讓讀者自行領會書評的精要，這些書評摘錄可說是 TBRI 的功績所在。

書評摘錄每則通常不足百字，短小精幹，卻能讓人一窺論斷的詞語，讀久了醫學書評，越過夾雜著深奧生僻的詞語屏障，書評者的評斷昭然可見。除了直接用「熱烈引薦」（highly recommended）之外，描述一本書完整（comprehensive）、徹底（thorough）、及時（timely）、不可或缺（indispensable）……也都是強而有力的推介。只用有趣的（interesting）、資訊豐富（informative）這樣的評語就顯得蒼白無力些，推薦的力道也隨之減弱，我要仔細讀完書評摘錄，甚至找出原書評仔細閱讀，才能判斷書評者的真正寓意。若是同時有兩篇書評，甚至三篇書評，這本新書應該不會差，而在其專業領域內，至少是引人矚目的。同一時期獲得三份正評的機率遠大於負評的機率。

批評缺失的書評並不罕見，諸如「不幸地，太多顯微照片模糊不清或是太黑，以致看不清組成的細胞與組織。」、「重複過多」、「部分處理不夠深入」等都很常見，但是原書的瑕疵多是點到為止。負面為主的書評為數不多。真遇到負面書評，我也把它記下存檔，註明被評缺失，供將來有讀者推薦此書時給讀者參考。

　　後來每期 TBRI 到館點收後便交到採訪組，先由我的助理逐項比對館藏目錄與訂購檔，排除已經在圖書館裡的圖書與已訂購的圖書，我再按著主題逐筆閱讀尚未蒐藏與訂購的資料。TBRI 收錄的主題農學類之下，除了食品營養與獸醫少數主題跟醫學有些關聯，要稍加注意，其他可以快速掃描過去。醫學主題之下，自是最要留神細讀，其他則按生命科學、科學、科技依次瀏覽。

　　這本索引實在是我做選擇新書的抓漏工具。教研人員推介的新書、更新版次的新書、套書中的新書、參考工具書、醫學相關學會出版品、各種核心書目上的圖書……，這些都訂購之後還有剩下的經費，便要輪到書評上推介的新書了，因此平日我從醫學書評中讀到值得蒐藏的圖書，便會將相關資料記下存檔，以待訂購。而我建的待購資料檔都存放在一隻鞋盒子裡。

　　其實所謂的鞋盒子並不是真的裝鞋的盒子，是編目組蕭理太太給我的一只紙盒子，裝了一盒 3 英寸 × 5 英寸大小的卡片，就是那時圖書館通用的空白目錄片。我在卡片上寫下作者、書名、出版者等書目資料，加上書評評析的關鍵詞語，書評出處期刊卷期、日期，最底下記著 TBRI 的日期頁次。這些卡片便是我的補缺清單（want list）。盒子大小正像裝鞋的盒子，我的鄰居期刊組的珍安常看我端著盒子來去查核資料，便稱它做「艾倫的鞋盒子」（Ellen's shoebox）。

　　補缺清單在當時是十分有必要的。阿州醫大圖書館的年度

預算要先顧好現訂期刊,才分配去購買其他資料。購置圖書的總經費就有不確定的影響因素。獲得年度的圖書經費後,我會按著需求的優先順序從讀者推薦、參考書……,立刻發訂。會計年度過了三分之一,檢視還有充足的預算,便可開始從補缺清單中,挑選適合的圖書下訂。越接近會計年度末期,越可鬆手大買。有時五月中旬搶時間下訂,我會在訂購信上特別說明:「六月中旬之前,這批圖書若有缺貨無法寄達,便視同自動取消訂購。」這是為了保障下個會計年度的預算,不被年底加購的圖書消耗掉。補缺清單在手,可以最大限度地善用經費,擴充館藏。因之,我對那只鞋盒子十分重視,時時翻閱其中卡片,更新資料。

邁向理性的採訪——館藏發展政策的出現

被圖書館專業尊為五律之一律曾說道:「圖書館是個成長的有機體。」其實,圖書館員才是明顯的一群在不斷地成長的有機體。身為圖書館員每天在大書房工作,周圍是伸手可得的圖書資訊學書刊,稍等幾天可以拿到無遠弗屆的館際互借資源,內有幾乎取用不盡的資料資源,外有豐富多樣的學習進修機會,諸如各種繼續教育課程和傳布專業新知技能的研習會。圖書館裡可供持續學習與發展的資源說得上是俯拾皆是,只要用心盡力,圖書館員專業上皆能沉靜穩定地成長。當年的我,

因緣際會踏入圖書館，隨即對這個行業心嚮往之。擇定它為志業，受到圖書館工作環境與學習氛圍的影響應該很大。

在阿州醫大圖書館工作之初，一切都是陌生的，醫科大學與醫療機構的肅靜忙碌環境，教研人員對資訊要求的急迫、醫學詞彙的獨特……，在在都引人心中忐忑忑忑。為了盡快從圖書館這個行業外走進來變成內行，我除了工餘努力地閱讀圖書館學書刊，也積極爭取參加全國性或地區性的各種專業會議。這些會議之中以美國醫學圖書館年會（MLA）的議程最得我心。MLA 每次年會議程也特別按工作領域排出部門會議，由專家選題主講及實務討論；年會的繼續教育課程理論與實務並重，書面的課程綱要極為實用，列出相關名詞定義、專家理論、實務範例等；最重要的是綱要後面的參考資料可供進一步探索，並有主講者的服務單位可供聯絡與疑難解惑。幾年不斷地學而時習之，我對自己工作的這一塊——選擇與採訪，領悟日增。至於編目、讀者服務，乃至整體圖書館營運理念，這些都要留待日後我正式修習圖書館學課程，才有全盤概念。

到了 1970 年代中期，原先由館員主導的選擇與採訪工作漸漸出現一些變革。這個世代各行業各機構紛紛講求「究責」（accountable），因為經濟衰落現象漸顯，主管開始一個蘿蔔一個坑地計較起各人責任。圖書館不落人後，選擇圖書導致館藏的良窳也講究起承擔責任（accountability）。1976 年，美國國家醫學圖書館（NLM）公布了該館的館藏發展政策，為其館藏

訂下一個概念的框架，一時引得許多醫學大學圖書館紛紛效尤，都制定起館藏發展政策。羅絲館長見賢思齊，要求我也為阿州大學圖書館擬訂一份館藏發展政策。

　　獨自研擬這份政策，確是少些助力孤單些，好處是我說了算，可以一錘定音，省卻不少召開會議磋商的時間。我蒐集了 NLM 及三間醫大圖書館的館藏政策，仔細比較之後，根據我對本校本館的認識擬訂出阿州醫大圖書館的館藏政策。政策中說明醫大教育與醫療服務目標、館藏目標等。館藏範圍務實地針對機構需求，例如與科系有關的主題都訂在廣博收藏，只有牙科訂在基礎收藏，口腔保健訂在廣博收藏，因為那時阿州醫大未設牙科學系，只在健康相關專業學院裡設置了牙齒保健系（Dental Hygiene）。有些阿州醫大圖書館採訪的傳統此時便正式地形之於筆墨了，例如圖書館不收藏複本、不收藏教科本的原則；經費拮据時優先採購參考書等。這件館藏政策非常簡要，只有 A4 紙張兩頁。但是從此對校內讀者、對校外合作的圖書館溝通有了書面依據，選擇與採訪有了館藏結構的框架做規範。自此採訪館員要收拾起主觀意識，更有計畫、有系統地發展館藏。這項綱要式的館藏發展政策，自此便開啟了理性採訪之途。

八、70 年代的醫學圖書出版公司與代理商

上個世紀的學術傳播系統裡，學者的研究成果轉換成實體書刊要倚重出版社的印製發行與代理商的匯集與傳銷，而圖書館則以典藏及傳佈這些印製的書刊資料給學術社群使用為職志，更是學術傳播系統重要的一環。提供需要的資訊給使用者是出版社、代理商、圖書館共同的目標，因而有人形容這三者之間是夥伴關係，有些圖書館員亦以夥伴視之。及至後來美國經濟遭受停滯性通膨壓力，連帶影響到圖書館縮減圖書經費，甚至大量刪訂現刊，圖書館與出版社對書刊訂價方式產生重大歧見，許多出版社與代理商的商業本質呈現出來，圖書館與他們的合作就更為理性而審慎。當然此是後話了。

70 年代印行醫學圖書的出版社十分出色。他們對選擇、編輯、印製、發行與行銷圖書專業而迅捷，尤其注重學者的專業價值，著作必須接受同一學科同儕審查與認同。隨著涉入選擇與採購業務日子一久，我也熟悉許多活躍於生物醫學圖書出版事業，規模較大的出版社。英文的"publisher"一詞立場中立，中文多譯為出版商。商字招致的聯想就複雜些。人們會想到古代四民「士農工商」商人居末；商賈多提價牟利，不為人喜。

何況 "publisher"也包含學會的出版社與大學出版社，並非全然的牟利單位，統統譯成出版商似有不妥，譯為出版者或出版公司更能符合原意。

出版公司

(1) 大學與學會出版社

在出版生物醫學圖書方面，有些大學出版社貢獻頗多，例如英國的牛津大學出版社、劍橋大學出版社，以及美國約翰霍浦金斯大學出版社（Johns Hopkins University Press）。某些主題專精的著作，或是艱深的研究成果，市場有限，一般的出版社不願碰觸。幸而有這些知名的大學出版社扛得住經濟壓力，盡到出版學術著作的責任，讓許多學者辛苦多年埋首研究的成果，不被埋沒。這些大學出版社有嚴謹的投稿規範與審查制度，他們的名號便是憑證。只要出版的圖書在阿州醫大圖書館學科主題範圍之內，接到新書出版的書訊，訂購單就會很快地寄出，因為大學出版社印製的數量較少，動作慢些就有向隅之慮。

各學科學會的出版社是另一種不以牟利為主要目標的出版機構，美國醫學會（American Medical Association）除了聞名於世的會誌 *JAMA*，還出版《寫作規範》、《美國醫師名錄》等重要的參考工具書。美國醫院協會（American Hospital Association）、美國公共衛生學會（American Public Health

Association）、美國藥劑師學會（American Pharmacists Association）等組織會出版相關專業的指引、規範等書籍。這些圖書、工具書有專業學會的加持，其重要性與權威性無庸置疑，訂單也是見到書訊便可寄出。

(2) 量大而專精的生物醫學圖書出版公司

大學出版社與學會出版社印製的圖書雖然重要，若論發行醫學圖書的數量，前述兩類加起來也遠遠不及商業性出版公司的發行數量。因此，醫學圖書館日常收到的書訊目錄和購入的新書，還是以來自商業性出版公司的為大宗。往來久了，我自然注意到這些夥伴的特質、稟性，甚至饒有興味的相關事情。

美國的出版公司像許多其他的營業機構，為了擴展或較有利地發展，經常會收購或合併其他公司。1970 年代後期，美國開始遭遇經濟衰退，更加速出版公司之間的併合、買賣。當年我熟識的出版公司如今有些已不復存在，或是冠上別家名號，成為大型出版集團的下屬子公司。下面是我追記那時出版量大，具影響力，或是呈現一些特點的出版商。

桑德士（W. B. Sounders）公司是一家歷史悠久的美國醫學出版公司，它在 1888 年成立於費城。這家出版商出版的醫書數量很大，品質亦佳。當年布蘭登核心書目所選圖書，有超過 1/5 是由桑德士公司印行的。著名的《道氏醫學大辭典》（*Dorland's Illustrated Medical Dictionary*）便是該公司的產品，這可是每間

醫學圖書館必備的工具書。

莫士比（C. V. Mosby）公司在 1906 年成立於密蘇里州的聖路易市。它出版醫學、牙醫學、護理學等，學科範圍廣，而且數量亦豐。

李平客（J. B. Lippincott）公司也是費城一家多產的醫學出版商。它成立於 1836 年，距今 180 多年，歷史更悠久。1878 年它出版了美國第一本護理教科書；1900 年開始發行 *American Journal of Nursing*，它是美國護理學會的會報，在生物醫學研究方面頗有影響力。

李亞與費彬格（Lea & Febiger）公司，在 1843 年成立於費城，專攻醫學與科技圖書出版。它的眼光獨到，在 1862 年便取得解剖學的經典名著 *Gray's Anatomy* 美國版的權利，一直更新版次印行了逾百年之久。他們採用的商標（logo）雙蛇杖，是 19 世紀醫學出版社慣用以標示醫學的銘誌。

戴維思（F. A. Davis）公司在 1879 年成立於費城。這個家族公司專門出版醫學圖書，至今 140 年還能維持自己名號獨立發行，真不容易。

湯馬士（Charles C. Thomas）公司在 1927 年成立於伊利諾州春田市，廣泛出版生醫方面的圖書，至今不衰。不過它現在亦將出版主題擴及到行為科學與教育等學科。

學術出版公司（Academic Press）公司成立於 1941，出版時間雖短，但是這間公司正如其名，致力於出版學術用書，尤

其是生命科學、食品營養、神經科學、環境科學。它出版過一些重要的專業百科全書，如：*Encyclopedia of Neuroscience*、*International Encyclopedia of Public Health*。另外，它發行的 *Methods of Enzymology* 叢書自 1955 出版以來，早已成為生物醫學研究方面的重要叢書。採訪組每年盼著、等著這套叢書的新書問世，以便下訂。

上面簡記的這些公司是當年在圖書採購工作中，往來頻繁，且以生物醫學為主要出版目標的美國出版商。這些公司之中不乏成立於 19 世紀中葉之前的古老公司。美國的醫學出版商很多是以創業者為名的家族企業，有些出版商歷經百年的變遷，至今仍沿用家族姓氏為公司名稱。這也可看作是美國醫學出版商的一個特色。

規模大而專業的醫學出版公司在商業手段之外，同時遵行學術性規範，以發展各自的出版事業，特別重視邀約著作與審查稿件。他們所採用的同儕審查，其嚴謹周密不亞於大學升等的學術審查。因而這些具有悠久歷史與出版信譽的公司印記（Imprint），往往常被視為品質認證，成為評量選擇某些新書的因素之一。

(3) 醫學出版公司的訴訟

魏廉氏與魏爾肯氏公司（Williams & Wilkins），雖是規模不大，但它出版的一些醫學圖書與期刊，頗得專家的重視。例

如圖書方面，與《道氏醫學大辭典》齊名的 *Stedman's Medical Dictionary* 一直在該公司掌控之中；Hamilton Bailey 的幾本外科學極具影響力的名著，如 *Demonstrations of Physical Signs in Clinical Surgery* 與 *Emergency Surgery*，也一直由該公司更新版次不輟。至於期刊方面，這間公司掌握了 37 種重要的生物醫學期刊。

魏廉氏與魏爾肯氏公司是我記憶深刻的出版公司之一。它引人矚目的倒不是它出版了多麼重要的圖書和期刊，而是這間公司居然跑到索賠法院（Court of Claims）控告了我們醫學圖書館的龍頭老大——美國國家醫學圖書館，侵犯其著作權。我到職不久，就在圖書館學期刊快訊，甚至在一般雜誌上讀到該公司控告美國政府，Williams & Wilkins V. United States 這個著名的案例。由於這是美國有關圖書館影印行為被控侵害著作權的指標性案例，而名噪一時。

在此之前，美國長期以來有所謂「紳士協定」（gentlemen's agreement），用以定義圖書館影印之合理使用範圍。到了影印機普遍，圖書館處處的 20 世紀中葉，提供便利使用與著作權人利益有了很大的衝擊。魏廉氏與魏爾肯氏公司提告的兩個單位，其一為美國衛生總署（National Institutes of Health），它長期提供機構內研究人員索取單篇期刊影本；另一被告則是美國國家醫學圖書館，它透過館際互借服務，提供他館讀者期刊論文影本。因為美國國家醫學圖書館也是衛生總署的附屬機構，

隸屬美國衛生與公眾服務部（U.S. Department of Health and Human Services）管轄。因之，這件訴訟案是魏廉氏與魏爾肯氏公司對抗美國聯邦政府。

當年美國醫學圖書所組成的地區性醫學圖書館合作網（The Regional Medical Library Network）將美國國境先分地區，再劃分四個層級來合作發展。而合作發展的業務之中，最具成效的便是館際互借與影印文獻傳遞。只要讀者需要某一期刊上的文獻不在館藏之內，館際互借服務便可在合作網內搜尋，先由附近的基層圖書館再往上逐層查到資源圖書館與地區性圖書館，而最後查到美國國家醫學圖書館取得所需文獻影本，以饗讀者。圖書館之間互相提供影印期刊文獻服務，蔚然成風。因為層級和地區分工清楚，管理營運得法，使用者只需支付區區影印和郵費，便能快速地取用其他圖書館訂購的期刊文獻。對於時常需要廣泛閱讀期刊文獻的醫學院師生和研究者，館際互借是一項很受重視的服務。阿州醫大圖書館的讀者在使用館內 3,000 種現刊之外，常要仰仗那時負責美國南中地區的圖書館——德州大學達拉斯健康科學中心圖書館（University of Texas-Health Science Center of Dallas）的期刊支應；若所屬的南中地區醫學圖書館無法提供所需期刊文獻，便轉向合作網內其他的地區醫學圖書館，或是向美國國家醫學圖書館申請影印期刊文獻。

在美國國家醫學圖書館的領導下，這個醫學圖書館的合作

網營運得有聲有色。阿州醫大圖書館每年館際互借向外申請與提供他館的影印文獻件數都在一萬件上下，對於一個已投注約80%經費在訂閱常用的現刊的圖書館，從他館取得偶而用到的期刊文獻影本，自是節省支出與造福讀者的便利之舉，然而對於出版期刊的公司而言，文獻的影本阻斷了這些期刊的潛在市場；說到底，他們認為圖書館的影印文獻，造成出版利益的減損。魏廉氏與魏爾肯氏公司遂將美國國家醫學圖書館與衛生總署以侵害著作權告上法庭求償。這件訴訟經過上訴、二審、三審，纏訟數年，雖然最後 1975 年大法官維持二審法院判決被告之影印行為構成合理使用。然而各界對於調和科學研究之利益與出版商及著作權人利益，爭議不休，接著遂有 1976 年美國國會修正著作權法，增加第 108 條，對圖書館之重製行為給予明文規定合理使用的範圍。

審理這件案子期間，除了被告的兩個機構代表，美國的三個重要圖書館組織──美國圖書館學會、醫學圖書館學會和專門圖書館學會都派遣代表作證，說明圖書館的作法和緣由。這件訴訟持續數年，又涉及每間圖書館的業務，我印象頗深，同時也記取了一些教訓。出版商號稱是圖書館的夥伴，我們都為讀者提供資料資訊而努力，但是夥伴一翻臉可以法庭見，因為出版商終究是以市場與利益為優先的。圖書館員的各種服務不論出發點有多良善，總是要以遵守法規為基礎，才能站立得住。

歸國未久，在西方列強尤其是美國 301 條款壓力下，國內

亦掀起保護智慧財產權的熱潮。20 世紀中葉前後盜版、翻印盛行，外文系學生讀的《濟慈詩集》和《莎士比亞全集》都是國內自行翻印的；英美暢銷小說甫一問世，兩個月不到未獲授權搶譯的中譯本就在坊間販售。各圖書館館藏不乏這類違法的重製品，一時清查館藏，撤除盜版書，紛紛擾擾成為各館的大事。至 1992 年 6 月 10 日，我國著作權法大幅修正公布，圖書館界深入探討廣泛宣導後，人家認清業務上的影響，調整心態後，大致都能做到遵紀守法，行止得宜。

(4) 綜合型出版公司

一些規模大的出版公司涵蓋廣泛的閱讀主題，教育、社會、法學、科技等學科，都在其出版目標之中。這些公司為了爭取大學師生與專門圖書館的市場，往往特地劃分出科技與醫學（STM）專責出版生產線。建構醫學圖書館藏也得力於這些公司的出版品。

魏立家族公司（John Wiley and Sons Co.）在 1807 年成立於紐約市。19 世紀時主要出版美國文學作品，如愛倫波（Edgar Allan Poe）、梅爾維爾（Herman Melville）的小說。後來該公司放棄了文學出版，將重心轉移到科學、工業、商業、高等教育……，專注於學術性出版。到了 21 世紀，魏立家族公司不但更為側重醫學出版，它也提供線上產品與線上服務。與時俱進的努力下，這間家族出版公司已發展成為跨國大公司，員工超

過 5,000 人。

麥格羅希爾公司（McGraw-Hill Publishing Co.）成立年代可溯至 1888 年共同創始人 James H. McGraw 成立的麥格羅出版公司。麥格羅公司與希爾公司後來於 1909 年併合，採用現在的名號。這間公司以出版教育圖書聞名，自幼稚園到研究所的教材無所不包，但是它也出版商業、工程和醫學專業圖書。這間公司出版的醫學圖書確是叫好又叫座，例如 *Blakiston's Gould Medical Dictionary*，和內科學經典名著 *Harrison's Principles of Internal Medicine*，都是許多核心書目推薦的圖書。

李特與布朗公司（Little, Brown and Co.）在 1837 年成立於波士頓市。這間出版公司在 19 世紀出版法律書籍之外，所印行的文學作品亦十分著名，例如艾蜜莉・狄金生（Emily Dickinson）的詩集，吉朋的《羅馬帝國之衰亡》（*Edward Gibbon's The Decline and Fall of Roman Empire*）。美國大型圖書館必備的基礎參考書，巴特萊特的《常見的引用語詞典》（*Bartlett's Familiar Quotations*）就是該公司的產品。在美國上過圖書館學參考資料或參考服務課程的人，應該都認識這本書，老師不但要學生背誦它的內容特色和使用方法；十之八九會出習題令學生使用它。這本書自 1855 年由該公司首次印行，至今 100 多年來讓公司名利雙收。令人驚訝的是，這間以培育文學著名的出版公司也出版生物醫學類的圖書，而且質量均佳。

上述這類綜合型的出版公司，雖然出版生物醫學相關類別

的圖書，數量上比不過專門出版醫學圖書的公司，但是品質上
頗得專家青睞，因而他們寄來的書訊書目，都要仔細閱讀、斟
酌。

(5) 引人矚目的出版公司

有幾間供應我們圖書的出版公司，出版量不大，但是出版
的圖書在其專業領域十分重要，而公司的發展各具特色，亦令
我印象深刻。

CRC Press 這間出版公司原名化學橡膠公司（Chemical
Rubber Company），由菲利門三兄弟（Arthur, Leo and Emanuel
Friedman）於 1903 年成立於俄亥俄州的克利夫蘭市。一開始，
他們是販售化學實驗室裡保護身體之用的橡膠圍裙（rubber
laboratory aprons），後來也向化學專業人員販售實驗室器材。
1913 年，這間公司為了促銷圍裙，宣稱凡購買一打橡膠圍裙
者，附贈一本 116 頁的小手冊 *Rubber Handbook*。不意這本手
冊立刻令專家、教師驚豔不已，認為該公司與其賣橡膠圍裙，
不如貢獻心力好好發展這本有用的手冊。CRC 公司在眾人企盼
督促下，真的發展出該公司的品牌代表圖書，即是 *CRC
Handbook of Chemistry and Physics*。這本著名的手冊是大學圖
書館的基礎參考書之一；該書自 1914 年出版，至 2020 年已修
訂了第 101 版，目前是一本 1,572 頁的大書。而化學橡膠公司
自 1964 年決定聚焦到出版事業上，至 1973 年保留公司原名於

三個大寫字母上，正式改名為 CRC Press，自此致力於科技主題的圖書出版事業。這間公司出版的圖書封皮與書背上都有明顯的公司標記，一個燙金的圓圈內斜印著 CRC 三個字母，十分顯眼。行業轉變雖偶有所聞，像英國的大出版公司 Blackwell 便是自 19 世紀的家族書店轉變而成。但是書店轉行出版，業務相近不致令人驚訝。CRC 出版公司由一次附贈小手冊的事件，將原本產銷橡膠圍裙和實驗室器材的公司，轉變成一間專門出版科技類圖書和參考書的著名公司，這在出版事業的發展史上，可說是一次有趣的大轉折。

　　默克公司（Merck & Co.），以市場值與收入論，2013 年底它便晉升世界第七大的製藥公司。這間公司源始於 1668 年成立於德國的默克公司。1891 年，默克家族在美成立分公司，第一次世界大戰時由於戰時政策，該公司一度被美國政府徵用，於 1917 年重新獨立成為一家美國公司。這家跨國製藥公司研發生產各種藥物、疫苗、生物和化學製品之外，它也為醫師和藥師出版了一系列的重要參考書。1889 年出版的默克索引（*Merck Index*），原是德國的默克公司為銷售它日益龐大的化學製品編制的目錄。1892 年第二版由美國分公司出版的默克索引，增添了美國藥典（U.S. Pharmacopeia）與國家配方集（National Formulary），不自限於商品目錄，實用性與權威性大增。如今它已發展成藥品、化學製品、生物製品的百科全書，含有約 10,000 篇論述單一物質或是有關的化合物質的短文，對醫學專

業人員來說，是一歷史悠久且具有權威性的參考書。1899 年，美國默克分公司出版了 *Merck's Manual of the Materia Medica*，此一小手冊僅有 192 頁，列出藥品、病徵、病名。原是體貼工作緊張忙碌的藥師醫師，偶而記憶靠不住，一時想不起藥品藥物，方便查找之用。這本精簡卻包羅甚廣的小手冊問世後，極受醫學院校師生愛重，發展成聞名於世的默克診療手冊 *Merck Manual of Diagnosis and Therapy*。2018 年 20 版的手冊約有 3,500 頁，是最古老且受專家歡迎的暢銷參考書。受到鼓舞的默克公司，針對其他的醫學主題還另外出版了一系列的手冊。現在默克公司這家大型製藥企業，因為這些受重視的醫學圖書，竟也成為令人矚目的出版者。

愛思唯爾出版公司（Elsevier Publishing Co.）原是一家荷蘭的出版公司，成立於 1880 年。創始者羅伯恩（Jacobus Robbers）醉心古典文學出版事業，尊崇荷蘭一間 16 世紀開辦，已經歇業的古典文學出版公司 Elzevir，將自己的公司取名為 Elsevier 來紀念它，並沿用 Elzevir 家族的印製標記（printer's mark）為自己公司的標誌[1]。這個公司標誌廣泛出現在 Elsevier 的出版物上，引人注目之餘，討論標誌寓意的文字也不少。畫面是一棵榆樹上面纏繞著結實纍纍的葡萄藤，樹下立著一位老

---

[1] Elsevier, N. V.（2005）. *A Short History of Elsevier*. Retrieved from http://www.ask-force.org/web/Seralini/Elsevier-Short-History-2005.pdf（November 20, 2020）

人，畫上刻著拉丁文 Non Solus，意為不孤單（not alone）。有人按著古典的象徵主義精神闡釋此圖，還頗有一些道理：榆樹無果，葡萄藤雖有豐美果實卻不能獨立，兩者互相依存。老人喻學者，學者與出版者的關係亦是互相依存的。（如圖 1）

圖 1：Elsevier 公司的標誌 logo

（感謝 Elsevier 公司允許使用本圖）

第二次世界大戰期間，許多科學家逃離納粹占領地區前往美國，愛思唯爾公司覺出科學界的變化，預料到未來科學文獻是以英文出版的市場。它在 1947 年首度出版了英文的科技期刊

Analytica Chimica Acta，跨足國際性事業。到了 1970 年代，它
併入了 North Holland Publishing Co.，1971 年與 Excerpta Medica
合併，科技醫藥出版版圖大增，聲勢甚大。當年我們往來的大
型歐洲醫學出版公司還有英國的布萊克威爾出版公司
（Blackwell Publishing Co.）與德國的史甫林格出版公司
（Springer-Verlag），但是氣勢都不如愛思唯爾。到了 1970 年代
中期，美國經濟開始衰退，荷蘭來的書刊價格昂貴得顯眼。圖
書館的購書政策一向是只買精裝版本，平均價格約在 20 美元左
右，愛思唯爾的書價總是高出美國出版的圖書；不僅如此，這
間公司的精裝本定價比平裝書高出一倍有餘。有一次趁著美國
醫學圖書館學會年會，特地找到愛思唯爾公司的展示攤位，向
該公司代理提出疑問，裝訂一本書真要貴那麼多美元？他回答
得很直白，公司是用賣給圖書館的精裝本價錢補貼平裝書的售
價，因為平裝書多是個人使用。我故意表示要買平裝書，然後
自行裝訂成精裝本供眾使用，他聽了倒也沒有被我嚇唬到，當
然那時圖書館的經費還沒有拮据到要使出這種手段來。

　　上個世紀 70 年代，我看到的美國生物醫學出版事業，仍算
得上是蓬勃興盛。英文早已奠定它在國際間科技論著的語文地
位；北歐、德、法等地出版的書刊也紛紛改採英文出版，以圖
擴展國際市場。阿州醫大圖書館購置的圖書，以美國本土出版
公司的圖書占大宗。原產於歐洲的圖書，亦有許多是由美國分
公司印製銷售的，牛津大學出版社當時便在紐約設有分公司。

每天由各地生物醫學出版公司寄來的專書書訊、目錄，如雪片般飛來。日復一日地閱讀這些資料，反覆篩選、擷取其中訊息，加上專業刊物對這些公司的報導和評論，久之，積累認知，對各公司特色、出版圖書的領域專長，竟也能數說一番。

美國立國 240 年不算長，卻有出版公司成立逾 200 年的，比起華人最早的出版公司商務印書館成立於 1897 年，要早出 80 年，頗令人欽羨。尤其是這些出版公司為了在網路資訊時代立足，不只出版紙本書刊，早已進軍數位出版、網路書店、資訊解析、數據管理軟體等產品與服務。

代理商傑・艾・梅卓士公司（J. A. Majors Co.）

採訪組為了快速地取得新書，不願積累待購圖書數量，每隔一、二個月便會發出一次訂單。圖書館需要的書通常每種限購一冊，每次訂單都會涵蓋許多出版公司的產品。若是一間一間公司去訂購，圖書館訂購單本圖書，只能按訂價計算。分別向幾十間出版公司下訂的業務檔案、經費紀錄會十分繁雜，手續瑣碎，須得投入大量人力與追蹤處理時間。另一方面，出版公司處理大量單本訂單也要增加印行成本。因此，服務圖書館的代理商便應運而生。他們大量地採購各出版公司的新書，書價因量化訂購可享受很優惠的折扣。得了出版公司的大優惠，代理商可以回饋給圖書館一個小折扣作為合作的一個誘因。例

如出版商優待代理商的書價是訂價五折，代理商回饋給圖書館的書價可能是八折。這中間的利差則是代理商的營運成本與利潤。圖書館透過代理商購書，十分符合成本效益的原則。書價有折扣，同樣的經費可以購入更多的書。訂購作業化繁為簡，精省了人力與時間。最重要的是，代理商倉庫存書種類豐富，不限一家公司的出版品，可以供應圖書館的混合訂單，立即出貨，圖書館得以迅速地取得大量新書。

當年沒有像國內施行的採購法來規範，決定代理商是圖書館說了算數。我在圖書館工作了九個年頭，自前任組長手中承接了傑·艾·梅卓士公司為代理商，一直沒有更換，因為這家公司在醫學圖書館之間信譽很好，歷年的服務令人滿意，給予的書價折扣合理。

隨著每一次收到的圖書，傑·艾·梅卓士公司除了寄來到書清單，有時會針對同一訂單上其他圖書提出出版現況說明，例如 TOS 暫時缺貨（為 Temporarily Out of Stock 之縮寫）、OS 缺貨（為 Out of Stock 之縮寫）、OP 絕版（為 Out of Print 之縮寫），以及 NYP 尚未出版（為 Not yet Published 之縮寫）。不要小看這幾個縮寫的英文字，它們關係到採購經費的及時妥善利用，所以十分重要。代理商與出版公司聯繫密切，比圖書館員從紙本工具書上獲得的信息可信度更高。知道某書絕版（OP），我會立刻取消訂單回收經費，另購其他圖書。當時間接近會計年度時限，看到缺貨（OS）、暫時缺貨（TOS），與尚未出版（NYP）

的通知，斟酌情況，若是沒有把握在年度結算前，收到缺貨的圖書，付清書款，我也會取消訂單，另購其他圖書。站在發展館藏的立場上，我總想著花盡每一塊美金，換取新書入館，沒有買到的圖書可以在下一個會計年度再行訂購。

　　傑・艾・梅卓士公司要算是南方一間老店，它的歷史可溯及 1909 年在紐奧良市的老店，在南方用馬車運書的年代。到了 20 世紀中後期，梅卓士專門經銷醫學與科技圖書，總部設在德州達拉斯市（Dallas），行銷的地盤由南方幾州漸次發展到西部，氣勢甚旺。傑・艾・梅卓士公司庫存有十幾萬冊圖書，相當於一間大型醫學圖書館的書藏。我曾經為了緊急採購，到訪過傑・艾・梅卓士公司位於達拉斯市的倉庫。有一年接近會計年底，我們臨時接獲學校一筆經費，要在三週內用完報銷。這種一次性的經費又來得急，不能訂購期刊，視聽組也用不上，羅絲館長權衡之下，只能將這筆經費交付予我買書。幸而我有準備。平日隨時閱讀書訊、書評，不斷地選書，即使一時經費欠缺未能購入，自己手邊還是留了一份補缺願想清單（Want List）。

　　這個願想清單頗有些類似小孩企盼聖誕禮品的清單。不過這次我雖有待購清單，選出一、二百種新書不成問題，傑・艾・梅卓士公司卻有問題。平日緊急採購一、二種書，先以電話告知書目資料，再補上書面訂單，他們很快就可以處理妥當了。現在會計年度即將結束，正是忙碌時期，傑・艾・梅卓士公司

抽不出人力來緊急處理一、二百種圖書訂單。商量後，只能由
我搭機飛到達拉斯市，自己到倉庫去選書。龐大的倉庫中，我
手持一盒卡片，按著出版社一一比對，找到書便抽出來，遇到
缺貨便另行選書。半日的倉庫選書，印象鮮明，恍如昨日。選
好的書，隨著帳單立即由傑・艾・梅卓士公司打包寄去阿州醫
大。緊急採購的後續交書銷帳工作，他們的效率和配合度都很
高。服務講求專業、效率與誠信，是各醫學圖書館樂於與傑・
艾・梅卓士公司長期合作的主要緣故。

九、書、書、書──印象深刻的醫書

　　與一般的新書出版數量相比，醫學專業圖書出版數量原本不大，而阿州醫大蒐藏的醫學相關圖書量在同儕醫大圖書館當中只能算是中等，但是累積下來，將近九年的時間，經過我入藏的圖書總數應逾萬種。那時圖書採訪工作由我帶著一、二名助理專責執行，因為圖書館規模小，凡事皆是親力親為。每種納入館藏的圖書及其相關的推介資料都在我的眼皮底下走過。有人說圖書館員讀館藏圖書只讀書皮、封面。我呢，讀得稍多些，推薦資料、書目和書評都是已經細讀過的。書到之後，例行地我要翻閱一下，先略看外觀大小、紙張、頁數、插圖、裝幀等項，掂量一下製書成本與書價的合理性。接著看作者現在什麼機構工作──哪所大學、哪個系所、哪個研究機構、哪個單位，他曾有哪些相關著作、是否已經入藏。這本書是否某一叢書之一，館內有這套叢書裡哪些已經出版的圖書。類此的訊息常常列印在正文前後，一般讀者可能興趣不大，對於身為採訪館員的我而言，卻可能很有用處。我可以從這些列出的訊息中，順藤摸瓜地找出一些有關連性卻尚未入藏的圖書，來豐富館藏。因此，除了正文無法消化之外，書皮之內前後部分，我都

會翻閱一番。接觸時日多了，有些特殊些的圖書似鐫刻在記憶中，歲月洗練之下可能模糊些，但是印記猶在。

昂貴的圖書——《拜耳斯坦有機化學手冊》

每天接觸帳單的我，對書價一向敏感。當年一般美國出版的醫學圖書訂價多在 20 美元左右，30 美元以上的圖書就算是昂貴了，不是頁數特多的大塊頭，便是圖像、圖表多，製作比較特殊的書。所以我頭幾次收到《拜耳斯坦有機化學手冊》（*Beilstein Handbuch der Organischen Chemie*）隨書附寄的帳單，標示 150-200 美元的書價，看了不免頗感詫異。實在說這樣的書價即使擱在 50 年後的現在，還是覺得昂貴。再說這套第四版的有機化學手冊是以德文出版的，是極少數的外文館藏之一。醫大師生能從原文了解《少年維特的煩惱》的人數可能不多，但是拜耳斯坦手冊提供大量有機化學物質分類結構、數據、化學反應紀錄等之測量驗證，顯然對那時阿州醫大的生化、醫學專業人員十分有用，他們便能克服手冊裡的德文障礙，時常參詳它。於是我們持續履行與拜耳斯坦有機化學文獻學會簽訂的長期訂購約定，每年不定時收到一到三冊，書到付款。這份長期訂購約定不能臨時取消，停訂通知需提前一年寄達。也許是因為蒐集、整理化學文獻耗費大，成本高，印本時代種類限制較多，拜耳斯坦有機化學文獻學會需要早早知道確切的基本

用戶數量來攤算成本，估出書價。第四版的手冊從 1918 年開始印行，至 1980 年底已印行約 220 冊。許多美國的醫學大學圖書館和研究型大學圖書館都是這本手冊的基本訂戶，為有機化學的研究付出頗多。

淬鍊過的經典醫書──《格雷氏解剖學》

在我進入圖書館工作接觸醫學之前，對版次沒什麼認識。大學時代用的文史哲課本、參考書不少，卻沒有特別注意到版次。圖書館借來儒學大師錢穆先生所著的《國史大綱》，還是 1940 年商務印書館印行的，十多年沿用下來並沒有更新版次。因此 1973 年當我見到 *Anatomy of the Human Body* 一書，更新版次達到第 29 版時，好奇心大盛，作者格雷（Henry Gray）太厲害了，他居然能更新這麼多版次。若問起 Henry Gray，或許有些醫學生會遲疑一分鐘，但是問起 *Gray's Anatomy* 則無人不知，因為這是標準教材。

這本備受醫界重視的教材源自 19 世紀中葉的英國。因為當年取得大體不易，解剖學教習人體結構很困難。1855 年，格雷在聖喬治醫院教授解剖學，決心為他的學生寫出一本價廉好用的課本，經過一年多努力不懈的解剖工作，他在 1858 年出版了第一版的格雷氏解剖學。當時的書名是《解剖學：描述與外科》（*Anatomy: Descriptive and Surgical*），共 750 頁，插圖 363

幅。這些插圖出自格雷的同事卡特（Henry Vandyke Carter）之手。卡特本身也是醫生，有精湛的繪圖才能，這些插圖十分精緻，人體結構得以細緻清晰地呈現，亦是此書大受歡迎的主因之一。

目前《格雷氏解剖學》最新的版次是第 41 版，2015 年印行的。原來的格雷當然不能與書同在。其實格雷英年早逝，他只來得及修訂 1860 年印行的第二版，1861 年便因感染天花而逝世，得年 34 歲。第三版之後，此書便由外科學與解剖學專家修訂，盛行了 160 年。原先要維持最具權威性教材的立場，漸次變成各時代最完整的解剖學，加以 20 世紀醫學知識爆增，後來有些版次內容龐大得難以掌握，像第 38 版的《格雷氏解剖學》竟多達 2,092 頁。醫學生再如何勤奮努力地學習，也不免感到情何以堪。幸而後來為了學生的可讀性特地出版了 *Gray's Anatomy for Students*。

醫學圖書有許多更新版次的，但是像《格雷氏解剖學》更新這麼多版，維持這麼長時間的，也不多見。亨利・格雷因為一本書流行醫界 160 年，盛名不衰，也著實令人欽羨。

當醫學遇上藝術——醫學圖譜

英文有句諺語："A picture is worth a thousand words"，據說還是源自中文諺語：「百聞不如一見。」，不知是否屬實。但

是圖像對人的學習和認知影響甚大，應是無庸置疑的。君不見服飾店的海報、餐館（尤其是外國的）的菜單、汽車年度新車的宣傳、旅遊行程的介紹莫不都佐以插圖，藉之吸引目光，招徠顧客。雖說醫學生早過了看圖說故事的年紀，但是醫學插畫確實在醫學教育中具有重要的功能。自古醫學著作就沿用插圖來解說相關的知識。只是中世紀之前的各式插圖，在現代人眼中顯得有些怪異，因為這些插圖多倚重前代學者，尤其是蓋倫（Galen）的著作，而非直接觀察所得。

直到 1543 年，魏賽留士（Andreas Vesalius）的著作《人體的構造》（*De Humani Corporis Fabrica*）問世，根據的是直接解剖與親身觀察，才將解剖學往科學的醫學推進了一大步。而書中超過 250 幅插圖，據說是出自畫壇名家「提香」畫室（studio of Titian）。那些木刻板畫也因為靠著仔細地觀察人體解剖，精緻逼真遠遠超越當時一般的解剖插圖，成為現代醫學插圖（medical illustration）這個專業的重要里程碑。

初次見到讀者推薦請購單上寫著 "Atlas of ..."，心中不免遲疑，再去查看書名目錄，看到幾十種 atlas，才知道它不是我原先臆測的地圖集。當年只要會開車，準會買一本《阮‧麥克納里地圖集》（*Rand McNally Road Atlas*）。在車用導航系統（GPS）風行之前的年代，地圖集可是車上必備的一項工具。我起初了解的 atlas，便是地圖集。可是這位希臘神話裡的力士神 Atlas，在醫學上卻被用以指稱圖譜。光靠長篇大論傳達複雜

的醫學知識，有時不能盡如人意，配上恰當的圖解形式，解釋可以更為準確、清晰。解剖學、病理學、外科學，尤其善用圖解的形式傳播相關知識，因而圖譜漸漸成為醫學教育的一項利器。例如《格蘭士解剖學圖譜》（*Grant's Atlas of Anatomy*）自1943年出版，便深受醫科師生好評。這本圖譜如今更新到第15版，2020年印行，可見需求不衰。

20世紀眾多知名的醫學插畫家之中，法蘭克‧奈特（Frank Netter,1906-1991）可說是一位享譽國際的奇才，而他的插畫生涯富有趣味和傳奇性，常被世人樂道而流傳。奈特出生於人文薈萃的紐約曼哈頓，自小便展現出繪畫的興趣與才華。他除了有家庭教師的啓迪，還到美國國家設計學院（National Academy of Design）和紐約藝術學生聯盟（Art Students League of New York）這些著名的藝術學府潛心學習。就在他開始職業作畫嶄露頭角，為《週六晚間郵報》（*The Saturday Evening Post*）與《紐約時報》這樣著名的報刊作插畫之際，卻因遭到家人的反對而中止了他的藝術生涯。1986年，奈特接受JAMA的訪問中，談及他中止繪畫事業的緣由——因為當年奈特的家人認為藝術家過的生活「十分放蕩不羈」（led a very dissolute life），而反對他從事繪畫工作。

奈特於是到紐約大學讀了一個十分靠譜的醫學學位，並且完成他的外科實習。放下畫筆就能進入醫學院又能拿起手術刀，大約聰明、才智和決斷力皆強大充盈。可惜的是1933年他

開始行醫的時機不巧，碰上 20 世紀大蕭條（The Great Depression）。美國的經濟大衰退，失業率飆升，連帶著醫師的收入也變得不可靠。幸而奈特在醫學院求學時為了掙些外快，不時地替一些教授的著作、講義作插畫，並未完全放下畫筆，算是一位自由畫家（freelance artist）。此時就重拾畫筆，接受外界委託作畫，來補貼行醫的收入；尤其是有些大藥廠為了推銷新產品，看上奈特，邀他作插畫助銷新藥。不久，奈特發現他的畫比他的手術刀更叫座，而作畫原是他的興趣，於是放棄行醫，專心作畫。

1936 年，CIBA 大藥廠委託奈特畫一件心臟圖的摺頁，用來促銷強心藥物「毛地黃素」（digitalis），畫作很受醫師歡迎，抽掉廣告的重印圖更受歡迎。此後，奈特繪製了許多其他的器官、病理學插畫……，在醫界盛極一時。CIBA 於是蒐集了奈特的醫學插畫，以圖譜的形式出版了 *CIBA Collection of Medical Illustrations*。這套書共八卷，十三冊，是 20 世紀後半美國醫界熟知的圖譜，也是美國醫學圖書館必備的書。因為它的封皮是綠色，圖譜版式又較一般書大些，常有人暱稱它「綠色大書」。後來奈特還出版了一些著名的醫學圖譜，例如 1989 年的 Atlas of Human Anatomy。CIBA 獨具慧眼挑選了他來合作，那有些戲劇性的開端，並且以一套圖譜奠定奈特在醫學插畫界領導地位，還是功不可沒。

奈特能超越一般醫學插畫家，可能因為他除了繪畫的天

分，還有外科醫師的嚴格訓練。他做學生的時候，便慣用畫圖作筆記，他的醫學插圖真實、生動、清晰，而且正確地解說醫學觀點，彌補文字不足之處。他一生作畫近 4,000 幅，創作的毅力十分驚人。有人估算奈特需要每三個工作天，從一個概念意象開始仔細研究，到素描草圖，修改，繪製出最後的圖像，畫上 50 年才能達到這個數字。這份執著，這樣的成就，難怪許多人都讚譽他為醫界的米開朗基羅（the Medicine's Michelangelo）。

引發爭端的書

醫學圖書館相較於公共圖書館或是中小學圖書館通常少有什麼引發爭端的書。諸如家長來抱怨某書有宗教或政治上偏激的觀點，又或抗議某書過份渲染暴力等情景，是不會出現在醫學圖書館裡的。因為一來我們的讀者在年齡上都算是成熟的，不勞家長監督他們的讀物；二來醫學圖書館的蒐藏性質，傳統上是學術性的科學讀物，不至於涉及偏激的觀點或是主題。

可就是在這樣的環境中，我們還是能遇上因為館藏圖書惹出的麻煩。曾有一次，負責圖書館的清潔員一早從廁所撈出一本棄置於馬桶中的書來。這種損毀公物的行為十分不可取。記得當時大家既驚訝又氣憤，隨即研究起這本受災的書來。因為那本書論述的主題是人工流產，原本屬於婦產科正當合理的論述子題，卻碰上自 1960 年代末期開始的維護生命反墮胎運動此

時正發展得如火如荼，大家於是猜想是否這個主題觸犯某些衛道之士。天主教會恰巧剛發表了反對墮胎的意見，由此有同事開玩笑說附近的天主教會來巡察阿州醫大的館藏了。

那次毀損圖書的緣由，純屬私人臆想。但是有一本 1971 年出版的醫書，確實引起軒然大波且影響甚廣。學術界尤其是科學家與醫師、文化界、出版界，甚至是婦女運動者為此書議論紛紜，歷久不衰。這本引發爭議的書就是 *The Anatomical Basis of Medical Practice*。（以下暫譯為《醫療的解剖基礎》）此書書名正常得令人無法生疑，R. Frederick Becker、 James W. Wilson 與 John A. Gehweiler 三位作者都是知名學府杜克大學（Duke University）醫學院的教授，學術背景有保證；出版者 Williams and Wilkins，是經驗豐富，專司印製生物醫學書刊的出版公司。表面上真挑不出什麼毛病，於是許多圖書館將之納入館藏。

我剛到阿州醫大不久就碰上這個燙手洋山芋，接觸到這本書還是經由幾位醫學生的指引。那天我到書庫尋書，聽到書架裡男學生咯咯笑個沒完。走過去詢問之下，他們圍著打開的書頁，指著上面的插圖笑得歡樂。原來嚴肅的解剖學教科書上印著《花花公子》雜誌（*Playboy*）式姿態撩人的女性裸體模特兒圖片。我的反應除了驚訝，還是驚訝。雖然街上很容易買到《花花公子》雜誌，但是這裡是一間醫學圖書館，而女模裸照出現在一本教科書上！外界對此書的議論討伐，真像打翻了潘多拉

的盒子（pandora's box），紛擾不斷。

　　說起來，《醫療的解剖基礎》一書比我到圖書館早了半年。薛爾慈太太原來的採購檔結案後早已移除，原推薦人與購書緣由無從追查。今人在幾十年後檢視此事，可能覺得小事一椿，無須花費心力於此。但是放在 1970 年代，教科書涉及色情傳播可是一件驚人的事件。自我得悉此書，醫學期刊，甚至連一般報刊陸續都有書評、投書、專論議論它。正面的書評認為它精簡易懂，強調此書重點在胚胎學、體表標記、放射照相、插圖有特色；有的書評者甚至認為此書活潑生動，會受學生歡迎，對實習醫生強化解剖學特別有用，只嘆自己生不逢時，做學生在解剖室裡學習時未及用到此書。負面的書評則指出書中多處文字輕浮，不尊重女性，插圖色情、低級趣味。全國性的《時代雜誌》（Time）、《新聞週刊》（Newsweek）和地方性的舊金山和巴爾底摩（Baltimore）報紙，都紛紛刊出批評的文字與讀者投書。及至著名的科學家與婦女運動領袖雷梅（Estelle Ramey）出面宣稱此書猥褻、貶損婦女，以婦女科學家協會（Association for Women in Science，簡稱 AWIS）新當選會長的身分呼籲會員抵制此書，並且抵制出版商 Williams and Wilkins 所印行的全部書籍，負評至此大獲全勝。出版商雖然之前對於可接受的風險有過仔細考量，並未料到社會反彈如此之大。據說此書第一版未能售罄，出版者在巨大的壓力下，將存書銷毀了。雷梅與她領導的娘子軍在醫學與科技界影響甚大，加以女權運動在 70

年代聲勢高漲，除了要求兩性平等外，對性別歧視、物化女性等議題十分著重；學術界的男性沙文主義在這種社會環境氛圍下，自然就敗下陣來。

《醫療的解剖基礎》一書出版壽命不長，但是議論它的卻久久不衰。2012 年在芝加哥舉辦的一場物化女性展覽中，還納入此書為例展示。曾在杜克大學任教多年並擔任過醫學院長的哈柏英（Edward C. Halperin）於 2009 年撰一長文 The Pornographic Anatomy Book? The Curious Tale of "The Anatomical Basis of Medical Practice"，根據該大學的檔案及相關人物的信件與文獻資料，細述作者撰書的背景、出版經過、論戰舉例、作者回應、時代背景與大眾心態等，評述詳實公允。

原來杜克大學在 1966 年大修醫學院的課程，將兩年的基礎科學課程壓縮成一年，釋出一年做科學研究、選課、雙主修等之用。影響所及，解剖學系的解剖課由原先的 531 小時縮成 252 小時，壓縮到大體解剖學、顯微解剖學、神經解剖學、專題演講等課程。大體解剖學授課尤其大受影響，要在 80 小時課程內授完，教師和學生頭兩年都適應不良。白克（R. Frederick Becker）教授於是邀約了兩位同事來寫一本臨床醫學取向的新教材。他們想用輕鬆的文體讓學生可以自行閱讀，他們認為解剖學這個主題也不必要以嚴肅死板的方式陳述。至於用女模特兒展示女性體表解剖，是給學生驚喜，因為他們每天看病看的都是平凡的樣本。為日益增多的女性醫護人員，他們也用了健壯的男性

樣本。雖然白克熱心教學，平日待學生親切，他原有這方面的怪癖。他的辦公室到處黏貼了《花花公子》雜誌中間摺頁式的女性與男性裸照，用作解剖圖示。他上課也用許多這樣的解剖圖示來講授體表解剖學。也許大眾觀感與社會環境隨著時間推進，會有可以容忍《醫療的解剖基礎》出現在課堂之時。但是1970年代卻不是白克等人的最佳時機，這本書未能躲過越來越多的女性醫師與科學家的撻伐，而沉寂下來。

　　我之所以說它沉寂，是因為此書只是未再增印或修訂。當年我將圖書館所藏此書交給羅絲，從此不見蹤影，原來她將該書從書庫移至醫學史室的書櫃，不再公開陳列但可取用。羅絲此舉相當明智，因為解剖學的圖書很多，不缺它一本，若真有需要用它，書還在館內。阿肯色州地屬聖經地帶（Biblical Belt），宗教意識強烈，民風保守，羅絲的處置既保住了書，又不觸犯民怨。

　　後來，可能因為此書引發的爭議不斷，備受矚目，反而在罕用書市有一席之地。當年標售美金23元的全新書價，如今叫價從美金250元到1,250元不等。這些二手書之中，可能還有圖書館淘汰之書！

　　我經手的圖書形形色色，除了上述印象深刻些的特殊圖書，整體而言，我覺得醫書還可用「貴重」二字形容。醫學圖書比一般圖書訂價高許多，在美國時我便留有印象。返國之初，陽明醫學院時期的西文圖書價格或許是因進口的緣故，是中文

書的 8 至 10 倍。為此，圖書館特地闢出核心館藏，將學生常需用的重要圖書購置一冊複本，不外借，僅存置館內以備隨時參閱，希望能減輕學生購書的負擔。除了價格貴，書也重。醫學書籍動輒上千頁，上一門解剖學，只要帶上一本格雷和一本圖譜，就是兩千頁。醫學院的教師似乎都急切地想將所知一切傳授下去，古人所謂傾囊相授是個好寫照。課本越更新越厚重，在紙本時代，攜帶課本行走校園，便是一項負重的運動。眼見學生扛著巨冊書籍奔走廊道，總叫人不捨。

十、鄉思與《中央日報》海外版

同學、同鄉、鄉思

人常說少年不知愁滋味，我想那是因為少年時期尚未遭逢什麼真正可憂愁的事情和際遇。我的少年、青年時期過得平順安逸。那時物質條件不寬裕，可是吃得飽，穿得暖。我的求學生涯過得順順當當，不曾經歷過補習班的磋磨，也沒遭遇過入學考試的打擊，遇到的師長和同學大多良善可親，平日生活處處都是父母的呵護照料。

記得考上東海，家人不放心我初次離家「遠」行。父親陪著我從臺北搭火車到臺中，看我辦妥手續，安頓下來才回家。去時火車上巧遇同班男同學，後來的四年裡他們逮到機會就拿此說事，笑我嬌氣要父親陪著報到。

及至大學畢業赴美留學，隔著一個太平洋，一切只有靠自己。攻讀學位靠自己是當然，婚姻大事也是自己決定，連婚禮都要自己承擔。大學畢業就出國的我，唸完碩士學位就結婚，沒有見習過別人的婚禮，自己籌辦起來，手忙腳亂，不知從何著手。幸而這時有位極富愛心的牧師出來指導，加上幾位熱心

的同學幫忙，才將婚禮、接待茶會、感恩餐會分別辦妥。此番經歷讓我深深體會到華人同學間的真摯情誼，一人有事，大家一呼眾諾，不管是否熟稔都搶著出力幫忙，令人感動。所謂「出外靠朋友」大約就是這種情景。南伊大是一所綜合型大學，學科系所完備，臺灣來的同學約有 200 餘人，同學會會員之間聯繫密切。每年的迎新送舊、年節慶祝、聚餐表演種種貼心精彩的活動，讓人可藉以紓解一下課業的壓力，讓故交新知有更多聯絡和培養感情的機會。我們在這裡也結識了許多知心朋友。

到了小岩城安頓下來，便察覺到這裡華人社會更小，中華文化對此地的影響也很小。阿州醫大偏處南方，學門單一，來此求學的外國學生很少。當時來自臺灣的學生只有 4 位博士生，教職員稍多，有 5 位。這個擁有 13 萬人口的阿肯色州第一大城，城裡僅有 3 至 4 間開張休業不定的中國餐館在宣揚中華美食。當地朋友只要嚐過咕咾肉（糖醋肉）和炸春捲，便洋洋自得地以中華美食大饕客自居。大街上的超市，除了日本的龜甲萬字醬油外，極少供應可用的中華食材。像是豆腐，想吃還得自己從浸泡黃豆開始做。容易建功的中華美食都尚未攻克美國人的口胃，遑論中華文化的其他影響了。

學生人數少，辦不成同學會，但是擴而大之，我們辦成了同鄉會。凡是從臺灣來的都成了同鄉，我們陸續找到了臺灣各地來的醫師、護士、教師、工程師、美軍眷屬等約有 30 人。逢年節喜慶時日，邀集相聚，品嚐各家的拿手菜。俗語說：「鄉親

遇鄉親，說話也好聽」。聽著帶點廣東腔、山東腔或臺灣腔的國語，鄉愁似乎也淡些了。家中有小孩且住得近的朋友，聚會更多，只要週末得閒，三、四家就會邀約到公園野餐，看小朋友奔跑玩耍，大人聊家常，異鄉異地的週末就平添些歡樂。

情感上，同學同鄉聚集可以抱團取暖，鄉思稍得撫慰。實際上，我們對於家國的近況與發展可稱耳目蔽塞，所知既少且慢。美國的電視還是 CBS、NBC 與 ABC 三大公司壟斷的時代，播放國際新聞中少有臺灣的事，一般平面媒體亦是如此。這段時期繼我國退出聯合國，又有中日斷交、上海公報等關係重大的事件連著發生，我們靠著家信得來的一點訊息，鄉思很容易上升到鄉愁。

尋覓、安置報紙

我感受到大家對國內訊息的急迫需求，雖然這個「大家」連眷屬算起來也才十多個人，自動去尋覓中文報紙。首先我去徵求館長羅絲的同意，增訂中文報紙，她爽快地答應了，前提是不動用館方經費，不妨礙期刊組工作。後來我歸國在圖書館推行一些創新服務，校長當面答應給予道義支持（ moral support ），而無法在財務人力上給予實質上協助的時候，我能面帶微笑地應承下來，想是早先在羅絲手下已有類似的經驗。

1960 至 1980 年代《中央日報》、《中國時報》和《聯合報》

並稱三大報。記得我們讀中學、大學時期,多會避開《中央日報》,因為它有濃重的官方色彩,報導新聞不忘闡述執政黨政策和立場。若是拿了《中央日報》,首先翻閱的常是中央副刊。當年羇留異鄉要尋求免費的中文報紙時,《中央日報》反而就成了首選,恰恰因為它官方媒體的身分,容易索得。

當時中華民國駐休士頓領事館轄管美國南方五州留學生事務與僑務,阿肯色在其轄區之內。於是我寫信給領事館的文化參事,說明阿州醫大留學生與僑民需要國內訊息,請求贈送一份《中央日報》海外版至圖書館。領事館很快回函允准,而且第一份報紙幾天內便寄達圖書館。這次索贈報紙處理得快速俐落,全然不帶任何官僚氣息。

雖然事先早已跟主管期刊的珍安打過招呼,《中央日報》寄達阿州醫大圖書館還是引得期刊組同事一陣驚慌。老土並非是中國的特產。對於從未見識過東方文化的美國人,看慣了蟹行文字,第一次接觸到方塊字跟直式排版,先不論文化上的震撼,光是視覺上的衝擊就很大。期刊組的助理一陣茫然之後,紛紛提出抗議。總結一句,他們無從下手,不知如何登錄,如何處置。經過我指出報頭上一行細小的英文名稱和日期,再三向珍安和她的助理示範和安撫,最後答應隨時協助解決困難,她們才安定下來,而這份報紙也在一樓近門口的報架上占有一格之地。《中央日報》海外版出報最快三日可以到館,碰到節日休假也能在 5 至 6 天內收到。1980 年 9 月我離開之前,這份報紙年

年自動續訂，也極少察覺到缺期的情況。

《中央日報》海外版

那些年《中央日報》國內版有三大張，十二個版面。海外版僅有一大張，四個版面，以留學生、海外學人、僑民為主要讀者。國內外重要新聞為因應海外版縮小的篇幅及適合海外讀者品味，經過精心整理與編寫，可讀性大大提高。在沒有電視報導、網路傳播的年代，這唯一的傳媒帶來國內的政治、經濟、社會等要聞評論，讓暫居異國的我們迅速地得知家鄉事，維繫思念家國情懷。原本文字裡的濃重官方色彩，淡化之後再經過時空距離的美化，竟覺得報風嚴謹可親。

有的讀者未必對每天的新聞有興趣，但是大家對整版的中央副刊卻視為必讀。1970 年代的中央副刊是國內主要文學作品發表媒介之一，它培養了許多知名的散文及小說作家。如葉慶炳、鍾肇政、琦君、孟瑤、趙淑俠、黃西玲、曾焰等人的作品都曾在《中央日報》副刊上發表。有些學校將中央副刊列為文學類的課外讀物，不只因為《中央日報》隨處可得，副刊的文學價值實是不容忽視。

這段時期自臺灣移出人口逐年成長，留學生與新僑人數增加，「懷鄉文學」、「反共文學」與「留學生作品」在副刊上蔚然成風。《中央日報》海外版鼓勵留學生投稿，抒發心聲。一時之

間，不但引得文科留學生燈下筆耕不已，連科技學門的留學生也抽空抒發學習心得、懷鄉情感，孕育出一些科技界的文藝靈魂。我們偶見同學朋友作品刊出，大家爭閱議論，閱報區頓時氛圍熱鬧非凡。

《中央日報》海外版還有一點小特色，那便是第一版的結婚啟事。一般而言，為節省篇幅海外版是不登廣告的。可是這些結婚啟事幾乎天天都有，逢上黃道吉日，數量更多。這些啟事特別之處便是大部分的當事人都是在美國舉行結婚典禮，只有少部分在臺灣或其他地方舉行婚禮。啟事則由雙方家長或當事人刊登，敬告親友。那些年 "A Dear John Letter" 這首 1965 年的分手老歌還在流行，臺美兩地遙遠的距離造成男女情侶分手也時有所聞。這些結婚啟事在留學生之間便被說成了「警告」啟事，表示 x x x 已是名花/名草有主，不可再生妄念。

讀報的人

自從有了《中央日報》海外版，華人造訪圖書館人次明顯增加。若說閱報區成了臺灣同鄉臨時辦公室似嫌誇張，但這裡確實是臺灣同鄉必到之地。如有事聯絡，只要閱報區有黑髮低頭讀報的人，準能逮到一位同鄉，閱報區不知不覺成了臺灣同鄉造訪圖書館的報到處。

中國大陸改革開放後，中共政府開始鼓勵人民出國留學，

1970 年代後期小岩城也陸續出現了中國大陸來的留學生。偶爾我在閱報區會看到一位陸生在研究《中央日報》。察覺陸生一點不困難，因為臺灣同鄉人數少，各人形貌都已在我腦中存檔。況且陸生一開口，那捲舌音跟我們的標準國語差異立顯。看陸生研究《中央日報》我其實是懷有同情心的。先說看慣了簡體字，讀起中華民國通用的正體字，遇到筆畫繁多之字，真需要停下來研究一番。再說，那些年反共情緒高昂，《中央日報》代表官方立場，於兩岸事務上措辭嚴正，與中共有關事務皆冠以「匪」字，如「共匪」、「匪軍」、「匪黨」，陸生讀慣了《人民日報》的風調雨順，遭到《中央日報》的雷電閃擊，想必中心如噎。

引進《中央日報》海外版，藉著維繫僑居海外者對家國的關懷，同時紓解大家思鄉之情，我自覺在正職之外，這番小小努力有些成果。

十一、歸鄉

再度入學

在阿州醫大圖書館工作不久,我就動念攻讀圖書館學學位。因為我越喜愛圖書館的工作,越能覺出自己的不足。MLA的繼續教育課程對我的工作有明顯的效益,能解燃眉之急,卻無助於了解整體圖書館的營運和背後的概念理論,只有圖書館學正式課程可以有系統地、便捷地滿足我的求知欲,讀完課程還能獲得一紙證明我圖書館學知能的文憑,這是多美好的一個願景!可惜的是,阿肯色州沒有一所大學設置圖書館學系所,我只能自己摸索,奮力學習。

直到 1977 年鄰州田納西州,皮巴德師範學院(George Peabody College for Teachers)的圖書館學校(Library School)開始到阿肯色州提供校外教學,我才獲得一個難得的機緣再度入學。

皮巴德校外授課地點沒選小岩城,而是在康威市(Conway);這個小城人口約 4 萬人,位在小岩城西北 30 英里之處,開車約 30 分鐘的距離。小岩城各館有志進修的館員十來

人，有課的週六一早，眾人揪團駕車三、四輛，浩浩蕩蕩直奔康威。去時大家興致高昂，聊家常、聽八卦，是一天最輕鬆的時光。坐下來聽完一整天的課，感覺比上一天的班還累得多，何況老師們每次都布置下閱讀、作業、報告等。歸途車上往往是安靜的，當了五天館員沒事，換身學生不過一天，大家就感到疲憊不已。

　　在康威學習期間的作業，大多已隨著時光流逝而淡忘，唯一記得的是圖書分類編目課上製作目錄卡片。原始編目的內容分析這些沒有問題，困難在製作書名、作者、主題等目錄卡片上，這些卡片每個字要正確無誤，就連標點符號、空白格都不能差一分。出作業的老師規定不可修改，不可用修正帶或橡皮擦修改，有一個錯處便要重新打出一張卡片。平日打字很順，這時越怕越易出錯。一本書的一套目錄卡片彷彿地老天荒都打不完，我時常看著打錯的一疊作廢卡片，感嘆編目館員的不易。

抉擇

　　拖著一家大小，一邊工作一邊讀書是辛苦的，我不時會遐想將來平穩安樂的生活。然而我的盤算、念想還是受到外在因素的影響。國際上，醞釀多時的中美關係生變，中共與美國於1979 年元旦建交，同時我國與美斷交。國際情勢一片風雨飄搖，有些人急匆匆自臺灣移民國外，寶珞卻逆向而行，這時他

考慮接受新成立的陽明醫學院之聘，返國報效。國際間風雲詭譎，我們捉摸不透，可是歸國定居與父母親人長相左右，生活自是安樂些。戶長的想法我是贊同的，只是我的圖書館學課程辛苦地修了一大半，學習正在興頭上，不願就此放棄。兩人磋商之後，決定寶珞帶孩子先回去一年，我留下完成學業。

1979 年初秋送走了寶珞和兩個孩子，我開始白天工作晚間讀書的孤獨修煉生活。他們走了兩個多月，我還不習慣家人遠隔兩地。美國人慣常喜歡對類此情況表達關切，我卻無法平心靜氣地談論家人。好友艾玎娜知道這是個禁忌的話題，從來不主動問起寶珞和孩子。別的同事只要面露同情走近我身邊，我就立即警告：「別惹我，也別問我家裡的事。」

認真說起來，決定獨自留下唸完學位是我的執念。寶珞一到陽明，就知道那裡正巧有圖書館主任職缺（圖書館當時是隸屬教務處的二級單位）。學校看過我的學、經歷，就邀我立即回國任圖書館主任，不必耗時去讀完圖書館學碩士學位。我函謝了韓院長美意，還是決定唸完學位再返國。我想陽明當時不計較這個專業文憑，不表示以後也不計較。況且我喜愛圖書館工作，以後會不會換工作單位，新的單位主管會不會要求這個文憑都很難說。

密集課程

皮巴德的課程有些是必須到校學習的，可能因為閱讀和作業要利用到的教學資源集中在校本部的各個圖書館。學校為方便我們這些有工作的學生特意開了暑期密集課程。四週為一期的課程，讓我恍如回到中學時期國、英、數上課的模式。每天上下午都排著課，每天都有弄不完的閱讀功課、練習、報告、考試，或是帶回家的考試（Take-home exam）。帶回家的考試是開卷式且不限制使用參考資料，表面上不必死記硬背看似輕鬆，但是它可測出學生認知和找資料的能力，寫得好還得靠組織、分析、批判、綜合資料的能力，每每都是寫了又改，改了再寫，不到截止時間不敢繳卷，是件勞心勞力的事。

為了遵守諾言，早日與家人團聚，我一口氣參加兩期密集課程。阿州醫大圖書館的同事跟我一同熬過 6 月 16 日至 7 月 11 日的四週，他們高高興興地回家，留下我一人去拚第二期 7 月 14 日至 8 月 8 日的密集課程，這時我除了課業壓力，還倍感寂寞。好在寶珞不斷來信告知他們返國適應良好，兩個孩子課業也能趕上進度，我的憂慮漸漸消散，只剩下滿心思念。

密集課程的一個重點是作業和報告，完成這些功課就得利用圖書館的館藏。我入學申請的是皮巴德師範學院，1979 年皮巴德與合作多年的萬德比爾大學（Vanderbilt University）合併，1980 年暑期的密集課程除了皮巴德原有的教育與人文學圖書

館館藏，還利用到萬德比爾大學中央圖書館與管理、商學、科學等學科圖書館的豐富館藏。

美國的讀者/參考服務館員一向以積極熱心協助讀者為特色，可是萬德比爾大學的參考館員不管是哪個分館的館員，一旦知道我們是來做圖書館學的功課，立即便收拾起熱誠的態度，袖手旁觀起來。館員看著冷漠的模樣，其實是因為老師們下過嚴令不准提供協助，要學生自己摸索尋覓資料，加深印象。

在可選擇的範圍內，我選了「專門圖書館行政」、「科學書目學」、「科學索引與摘要」等與當時工作較多關聯的課。為了個人的興趣，我也選了「人文學科書目學」，這門課由系主任葛禮弗士教授（Edwm S.Gleaves）講授，他是圖書館界知名的學者，除了圖書館學學位之外，還獲有英國文學博士學位，講起課來旁徵博引，精闢透澈，極具吸引力。記得當時我做人文學報告也特別盡心賣力，運用從前英美文學研習所得知識和心得，唯恐作業不能入了老師的法眼。

俗云學無止境，指的是學習、研究學問沒有盡頭。幸而學位課程終有修完的一天。正式課程一結束，八月九日一早我隨著阿肯色州另兩位館員奔回小岩城。結束密集課程的心情歡快無比，取得學位的心情是歡快後舒出的那口氣，我終於取得了萬得比爾大學的圖書館學碩士學位。

情誼、友誼

回想起來當年我能獨自滯美一年完成學位課程，除了家人的支持和體貼，允許我暫時放下家庭的責任，無後顧之憂地唸書，工作單位和同事的支持與鼓勵，對我能沉穩地修習功課，也是功不可沒。這一年裡，我必須工作才有收入，才能負擔昂貴的學費、交通費、房貸、生活費等開銷。到了暑期我為了趕修學分要休假 8 週，連續上兩期密集課程才能如願修完課程。阿州醫大圖書館早已核准我自 1980 秋季留職停薪一年，返臺與家人團聚，也知道我可能如魚歸大海，一去不復返。這種情況下，羅絲館長毫不猶豫地准我休假 8 週去田納西州上課，我內心是感激的。修習第一期密集課程有阿州醫大圖書館同事相伴，功課雖覺繁重，但有難姊難妹互相安慰，晚間或是週末小聚一下，苦中作樂釋去不少壓力。我選了三門課，有時早上七點半出門，忙到晚上八點半才能回宿舍。阿州醫大圖書館的珍納午餐後經常替我買一份回來，節省我外出覓食的時間；即使吃的是麥當勞的漢堡，有朋友專程送來在身邊陪著，漢堡夾著友情的溫馨，味道特別美好。

修習第二期密集課程的學生，只剩我一人來自阿州醫大圖書館。這時我已漸漸習慣了課業的壓力，只是時常獨自在校園奔走，未免感到有些冷清。上課一週便收到珍安寄來的一個大包裹，裡面有小瓶修正液、茶葉袋、餅乾、蛋糕等非常救急的

物資，還有珍安、羅絲、艾玎娜等許多同事寫來一大疊信件和卡片，寫的都是鼓勵集氣的話，令我十分感動。眾人的祝福和勉勵給我莫大的鼓舞，大家都在企盼我成功，如願讀完學位，我不能令他們失望，我只有再加把勁讀書。

修完暑期密集課程，八月十一日銷假上班，一走進辦公室就被滿室繽紛張揚的裝飾嚇了一跳。這是珍安帶領期刊組採訪組編目組助理的傑作。他們不知花了多少時間，用書皮、彩紙做成彩環、彩帶，垂掛在我辦公室屋頂、牆上，歡迎我回來。美國同事表達出來的善意、友情是直接而豐沛的。我自覺十分幸運，有機會在這樣一個友善的工作環境中學習、成長，又認識了這樣一群朋友。

歸鄉

1980 年 9 月 6 日，是一個陽光燦爛的好日子，我在中美好友簇擁護送下，奔往小岩城機場，終於要飛回臺北了。在機場與好友擁別依依，揮一揮手帶不走小岩城一片雲彩，我內心確有不捨之感。但是只要想到臺北有我的父母，有寶珞他們一大兩小在等著，興奮中夾著的欣喜更濃厚些，竟掩過了離別的失落。這次的機場之行與一年前送別寶珞他們，心境大不同。記得那天送走寶珞他們，回城時好友馬先生堅持代為駕車，朋友們怕我獨行淒清，淚眼模糊，看不清公路。現在是我完成學位

要求，結束了工作，帶著朋友的祝福要奔向我的家國，心情正如戶外的陽光，燦爛而美好。

　　小岩城的機場規模小，沒有國際航線，連美國境內的航線都很有限。我回臺北須先飛到德州的達拉斯，轉機飛洛杉磯，再由洛杉磯搭乘華航歸國。這一趟飛行加上等待和轉機的時間，算起來大約要 27、28 個小時，想想應該十分累人，我卻只顧著歸鄉的興奮，不覺疲累。9 月 8 日我飛抵臺北，結束了旅美的一長串時日。

十二、後記

　　這本小書寫寫停停，竟花了兩年的時間。原以為平鋪直敘沒什麼難度，不意寫著寫著涉及年代、事件，我就無法馬虎過去。畢竟寫的是半個世紀前的人事物，記憶有模糊地帶，就需要查找資料來澄清或佐證。難就難在，這期間我們由美國搬回臺北，清除了大批資料，由臺北遷居臺中第二次清除了大批資料。幸而我有些戀舊癖，居然翻箱倒櫃找出一些老舊信函、相片，甚至一本 1980 年的札記，於是人名、年代等等都明確起來。再多花些時間，我還能透過網際網路搜尋出一些老檔案，彌補記憶的不足之處。

　　前文所記雖限於我在 1972 至 1980 年間的一些經歷，但是這些年的經歷卻關鍵性地影響到我此後的發展。從試著與我的工作和平共存，到漸漸喜歡圖書館專業，我就如此歡喜地走下去。工作有退休的一天，但是學得尋找資訊、評量資訊等閱讀的趣味，這些都可以持續下去，帶給我長時間的滿足和喜樂。

　　阿州醫大圖書館的許多同事早已變成好友，並未因距離而疏遠。返國之初，臺灣的生物醫學期刊較少，寶珞頭幾年偶有需要美國的期刊文獻，還麻煩過瑪格麗特以館際互借取得。雖

然我多次返回小岩城探望他們，但是主要的聯繫還是靠信函。他們要見到我，便只能乘我參加美國醫學圖書館學會年會之便在會場相見。羅絲館長與霓兒副館長曾於 1985 年乘參加圖書館會議之便，訪臺探望我們。

　　與我們同時在阿州醫大的臺灣同鄉返臺的有四家人，大多執教於大學，或在中研院研究。大家都過得平順，除了大學教授，也出了一位大學校長、一位大學學院院長，還有兩位圖書館館長。寶珞在阿州醫大跟隨低溫生物學專家雪曼教授研究「精子銀行」與「人工授精」多年，1980 年代初期這些先進技術透過他與臺北榮總婦產科的合作，被引介到了國內，也算是為建構臺灣的生物醫學技術添上一塊小磚頭。

國家圖書館出版品預行編目(CIP) 資料

旅美憶往：我的醫學圖書館歲月 / 范豪英著.
-- 初版. -- 新竹縣竹北市：方集出版社股份有
限公司, 2021.10
　　面；　　公分

　　ISBN 978-986-471-315-8 (平裝)

1.范豪英　2.回憶錄　3.醫學圖書館

783.3884　　　　　　　　　　　110015028

旅美憶往——我的醫學圖書館歲月

范豪英　著

發 行 人：賴洋助
出 版 者：方集出版社股份有限公司
聯絡地址：100 臺北市中正區重慶南路二段 51 號 5 樓
公司地址：新竹縣竹北市台元一街 8 號 5 樓之 7
電　　話：(02) 2351-1607　　傳　　真：(02) 2351-1549
網　　址：www.eculture.com.tw
E - m a i l：service@eculture.com.tw
出版年月：2021 年 10 月 初版
定　　價：新臺幣 300 元

ISBN：978-986-471-315-8 (平裝)

總經銷：聯合發行股份有限公司
地　　址：231 新北市新店區寶橋路 235 巷 6 弄 6 號 4F
電　話：(02)2917-8022　　　　傳　真：(02)2915-6275

版權聲明：

　本書由方集出版社股份有限公司(以下簡稱方集)出版、發行。非經方集同意或授權，不
得將本書部份或全部內容，進行複印或轉製，或數位型態之轉載、複製，或任何未經方集
同意之利用模式。違者將依法究責。

　本著作內容引用他人之圖片、照片、多媒體檔或文字等，係由作者提供，方集已提醒告
知，應依著作權法之規定向權利人取得授權。如有侵害情事，與方集無涉。

　　　■本書如有缺頁或裝訂錯誤，請寄回退換；其餘售出者，恕不退貨。■